牛峴 昌浦

우창동 이야기

우현·창포

우창동 이야기

우현·창포

이재원 권용호

도서출판 나루

들어가며

나는 오늘도 우창동으로 출근한다.

아침에 아파트단지 앞에 꼬마들과 엄마들이 모여있다. 이내 노란 차들이 몰려오고 차에서 내린 선생님과 반갑게 인사를 나눈다. 저녁이면 교문마다 교복을 입은 학생들이 쏟아져 나온다. 태우러 온 부모들 차와 셔틀버스들로 북새통을 이룬다. 젊은 우창동의 풍경이다. 동네를 가로지르는 철길숲에는 늘 사람들이 붐빈다. 출퇴근하는 사람, 운동하는 사람, 자전거 타는 사람… 함께 나온 애완견들 발걸음마저 가볍다. 벚꽃이 아름다운 마장지와 소나무가 무성한 높지 않은 숲길 산책도 가능한 곳. 활기찬 우창동의 풍경이다.

크진 않지만 있을 건 다 있는 재래시장, 하루 일을 마치고 걸어서 나와 동네 사람들과 그날의 피로를 풀 수 있는 오래된 술집들도 있는 곳. 사람 향기 나는 우창동의 풍경이다.

포항에서 중·고등학교를 다녔으면 우창동의 옛 기억 한둘은 다 가지고 있다. 포항에서 흥해나 청하 쪽으로, 칠포·월포해수욕장이나 보경사를 가려 해도 꼭 넘어 다니는 길이 소티재이다. 우창동을 지나지 않고서는 포항을 오갈 수가 없었다. 교통의 중심지, 우창동의 모습이다.

3년 전, 포항지역학연구총서 첫 번째 책으로 『용흥동 이야기』가 나왔다. 용흥동의 옛 기억들을 기록으로 남기는 작업이었다. 책 머리말에서 나는 이렇게 적었다. "저의 용흥동 이야기가 많이 부족하겠지만, 많은 분의 기억과 고증으로 풍성해지길 바라는 마음에서 시작해봅니다. 용흥동뿐 아니라 포항의 모습을 간직한 다른 동네에서도 비슷한 작업이 이루어진다면 더욱 기쁘겠습니다." 동네 이야기들이 모여 포항의 이야기가 된다. 지난해에는 양학동청년회에서 『양학동사는이야기』라는 훌륭한 책을 발행하였다. 대규모 아파트가 건설 예정인 양학동의 현재의 모습들이 사라지기 전에 동네의 모습들을 기록으로 남기고자 하는 노력이었다. 그리고 이번엔 우창동이다. 마침 지역학연구총서 열 번째 책이어서 더욱 의미가 크다.

출근지가 우창동이 되면서 우창동의 모습을 담고 싶었다. 친구 권용호 박사의 도움이 컸다. 친구는 우창동 주민이면서 우창동 마을신문 만들기에도 열심이다. 학구적인 그의 자세에 배우는 점이 많다. 이번 책 또한 그의 도움이 없었으면 나올 수 없었다는 점을 밝히며 감사의 말을 전한다.

팔리기 쉽지 않은 책을 늘 꼼꼼히 만들어주는 도서출판 나루에게도 감사를 드린다. 출판사 또한 우창동에 있으니 박종민 대표나 홍선우 디자이너도 이번 책을 숙명처럼 받아들이고 있을지 모르겠다.

우현사거리에서 이재원

553년의 역사를 품은 우창동

"우창동에도 역사가 있었나?" 그동안 포항시에서 세 번째로 인구가 많은 이 동네의 역사에 누구도 주의를 기울이지 않은 것 같다. 이곳에 사람이 지나가고 거주하기 시작한 후로 동네의 역사는 유무형으로 쌓여갔다. 놀랍게도 우창동의 유래가 되는 '우현'은 553년의 역사를 품고 있다.

동네의 역사적 자취를 정리하고 남기는 일은 동네의 역사뿐만 아니라 포항의 역사를 후손에게 전하는 의미 있는 일이다. 현재 포항의 역사 관련해서 가장 많은 자료를 담고 있는 것은 포항시에서 편찬한 『포항시사(浦項市史)』가 아닐까 싶다. 이 책은 포항의 정치·경제·문화 등에서 포항의 발전을 상세하게 담고 있다. 아쉬운 것은 포항 역사에서 각 동네의 역사와 문화에 관한 기술은 상대적으로 부족한 점이다. 『포항시사』에서 각 고을에 관한 기술이 적은 것은 자료 발굴과 연구가 충분하지 않은 것과 누구도 동네의 역사에 주의를 기울이지 않은 점에 기인한다. 다행히 현재 민간에서는 고을의 역사를 발굴하고 기록으로 남기려는 의미 있는 노력이 진행되고 있다. 대표적인 것이 바로 본서의 필자이기도 한 이재원 선생이 출간한 『용흥동 이야기』(2019)·『사진으로 읽는 포항 도심, 중앙동·두호동 이야기』(2021) 등의 저술이다. 우리는 이러한 책을 통해서 작은 동네라도 그 속에는 흥미롭고 보존할만한 많은 이야기가 있음을 알게 된다.

흥해군 동상면에 속한 작은 마을이었던 우창동은 그야말로 사람이 살지 않은 곳이었다. 이런 곳에서도 우리는 그동안 쌓인 기록과 여기저기 흩어져 있는 유물과 유적을 통해 동네의 역사를 구성할 수 있었다. 돌이켜보면 1469년에 발행된 『경상도속찬지리지』에서 '우현' 명칭을 발견하고, 우리 동네의 역사가 553년이나 되었다는 사실에 무척이나 고무되고 기뻐했다. 사실 이러한 작업은 비단 우창동에만 국한되는 것은 아닐 것이다. 우창동보다 문화적 함의가 더 깊고 기록이 더 풍부한 죽도동·송도동·해도동 같은 동네는 더욱 다양하고 체계적으로 그 역사를 기술할 수 있을 것이다. 우리는 이를 통해 동네의 역사에서 시작하는 진정한 포항의 역사를 기술할 수 있고, 그 안의 기록들을 후손에게 전할 수 있을 것이다.

문헌·지도·묘비·시문·사진 등에서 희미하게 남아있는 동네자료를 찾고 기술하는 것은 쉽지 않은 작업이었다. 작업 과정에서 많은 분의 자료 제공이 있어 좀 더 충실하게 글을 쓸 수 있었다. 진복규 선생님께서는 조선시대 '우현' 글자가 들어간 비문을 판독하고 필자에게 제공하여 우창동의 역사를 기술하는데 도움을 주었다. 이창준 전 우창동 동장님께서는 필자가 필요로 한 오래된 보고서와 옛 사진 자료들을 제공해주셨다. 특히 2021년 12월에 큰굴을 안내해주어 필자가 작은굴과 큰굴 관련

내용을 기술하는데 도움을 주었다. 포항시청 김진규 포항학연구팀장님
께서는 필자에게 문화재 지표조사 보고서를 제공해주어 편의를 제공해
주셨다. 함께 책을 집필한 친구이자 동지인 이재원 선생은 포항을 누구
보다 잘 알고 사랑하는 분이다. 그와 함께 이번 작업을 할 수 있어서 더
없이 기쁜 마음이다. 이제 본서를 상재함에 누구도 거들떠보지 않은 이
작업이 훗날 우창동뿐만 아니라 포항의 역사에 의미 있는 기록을 남길
수 있길 바란다.

2022년 소티재에서

권용호

목 차

변화

사람 우창동 마을신문

우창동 동제

동네 사람 인터뷰

우창동 글 모음

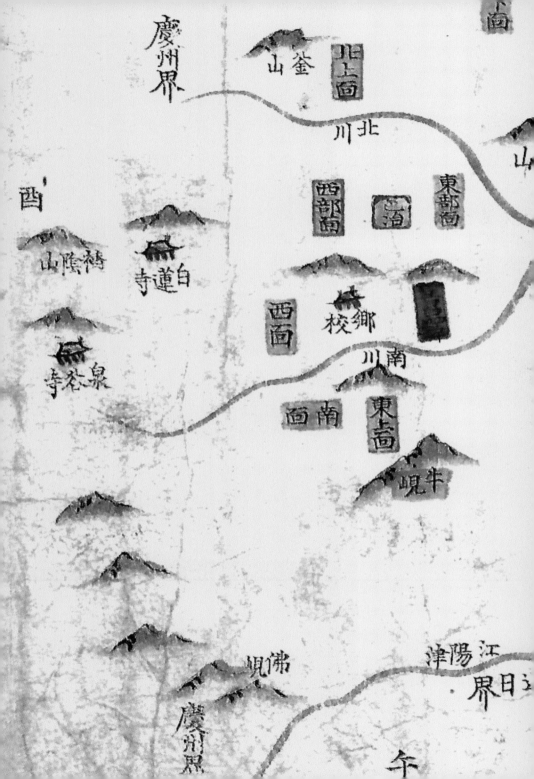

기록

(흥해)군 동쪽의 우동 우현제는 15결 5부의 논에 물을
댔다……여천리 제비제는 6결 42부의 논에 물을 댔고,
마장리 남술제는 20결 60부의 논에 물을 댔다.
郡東牛洞牛峴堤灌漑十五結五負……余川里濟非堤灌漑
六結四十二負, 馬場里南述堤灌漑二十結六十負.
−『경상도속찬지리지』(1469)

우창동의 역사는 언제부터 시작되었을까? 우창동은 조선시대 흥해군 동상면(東上面)의 일부로써 흥해군의 역사와 밀접한 관련을 맺고 있다. 『삼국사기지리지(三國史記地理志)』에 의하면, 흥해군의 역사는 신라 경덕왕(景德王) 때부터 시작되었다. 이로 보면 흥해군에 속한 우창동의 역사도 이때부터 시작된다고 할 수 있다. 그러나 『삼국사기지리지』의 기록은 너무 간단하여 다른 내용은 찾아볼 수 없다. 근래 창포동의 준양그린빌 뒤쪽 산 일대에서 택지조성을 위한 문화재 지표조사에서 삼국시대 토기 조각들이 발견된 것으로 보아[1], 삼국시대부터 이 지역에 사람들이 살았을 것으로 추측된다. 그러나 기록으로 보이는 우창동 관련 기록은 조선 초기인 예종 1년(1469)에 간행된 『경상도속찬지리지(慶尙道續撰地理志)』에서이다.

---

1   성림문화재연구원, 「포항 북구 창포동 신일 해피트리 신축공사부지 문화재 지표조사 결과보고서」, 2006. 3쪽.

1700년대 이전
1469년, '우현(牛峴)' 명칭이 최초로 등장

우현동의 경계 – 여을천(餘乙川)

현재까지 우창동 관련 기록 중 가장 이르게 보이는 것은 여을천[2]이다. 여을천에 주목하는 것은 이곳에서 북쪽으로 인접한 곳이 바로 우현동이기 때문이다. 여을천에 대해서 세종 7년(1425)에 간행된 『경상도지리지(慶尙道地理志)』〈흥해군〉과 〈영일현〉의 '사방계역(四方界域)'에는 각각 이런 기록이 있다.

동쪽으로 영일현 경내의 여을천까지는 15리이다.
東距迎日縣境餘乙川十五里.

북쪽으로 흥해군 경내의 여을천까지 14리 202보 떨어졌다
北距興海郡境餘乙川十四里二百二步.

이상은 여을천 관련 최초의 기록이다. 이 기록에서 여을천은 흥해군

---

2   여을천의 명칭에 대해서는 『포항시사』에 "여을천의 기록은 세종이 한글을 반포하기 이전의 것으로 당시는 예부터 내려오는 이두로 지명을 표시했던 관계로 '여을(余乙)', 본래의 우리말 명칭은 '나를'을 한자로 표기하면서 '여을', 즉 '나를내(물건을 옮겨 나르는 내)'가 '여을천'으로 표기된 것으로, 이러한 '나를'이 점차 '나루'로 변해 불려진 것이라는 가설을 제기하고자 한다."라고 있어 참고할 만하다.

과 영일현을 가르는 경계가 된다. 옛날에는 높은 산이나 하천을 마을의 경계로 삼은 경우가 많았는데, 여을천이 이런 경우였다. 배용일 선생의 고증에 의하면, 이곳은 지금의 나루끝에 있는 학산천으로 추정된다.[3] 또 『포항시사』(276쪽)에는 여을천과 관련된 흥미로운 내용을 수록하고 있는데, 1960~70년대까지도 학산천 북쪽 사람들이 학산천 남쪽 시내로 가는 것을 "포항 간다"라고 했다는 것이다. 이로 보아도 학산천이 확실히 포항과 흥해를 가르는 경계였음을 간접적으로 엿볼 수 있다.

『경상도지리지』의 이 기록은 우현동과 관련 있는 직접적인 기록은 아니지만, 우현동의 경계를 언급한 최초의 기록이라는 점에서 의미 있다. 여을천은 1469년에 간행된 『경상도속찬지리지』에는 여천리(余川里)로 나온다. 발음의 유사성 때문에 이곳의 여천리는 여을천에서 유래한 것임을 알 수 있다. 마을을 의미하는 '이(里)'가 있는 것으로 보아 학산천 일대에는 이미 마을이 형성되었음을 짐작할 수 있다.

우동(牛洞), 마장리(馬場里), 우현(牛峴)의 등장

조선 초기 예종 1년(1469)에 나온 『경상도속찬지리지』는 우창동의 역사를 말할 때 아주 중요한 문헌이다. 이곳에는 우창동 관련해서 우동(牛洞), 우현제(牛峴堤), 여천리(余川里), 마장리(馬場里), 우현(牛峴) 같은 지명들이 등장한다.

『경상도속찬지리지』는 경상도관찰사(慶尙道觀察使) 김겸광(金謙光), 김해부사(金海府使) 이맹현(李孟賢), 성주교수(星州敎授) 장계이(張繼弛) 등이

---

3   배용일, 『포항 역사의 탐구』, 삼양문화사, 2006, 16쪽.

왕명을 받들어 편찬한 책이다. 1425년에 발간된 『경상도지리지』를 보충하는 성격을 띠고 있어 (뒤를 이어 짓는다는 의미로) '속찬(續撰)'이라 이름했다. 조선 초기 지리지 편찬에서 『경상도지리지』와 『경상도속찬지리지』는 중요한 역할을 한다. 『경상도지리지』는 조선의 최초 관찬 지리지인 『세종실록지리지(世宗實錄地理志)』(1454) 편찬의 토대를 마련했고, 『경상도속찬지리지』는 『세종실록지리지』와 1530년에 간행된 『신증동국여지승람(新增東國輿地勝覽)』을 연결해주는 지리지라는 점에서 큰 의미가 있다. 특히 『경상도속찬지리지』의 경우, 『세종실록지리지』의 빠진 부분인 '제언(堤堰)', '지택(池澤)', '봉화(烽火)', '역참(驛站)' 등의 내용을 보충하고 있어, 이 무렵 경상도 지역의 상황을 이해하는데 중요한 자료를 담고 있다.

『경상도속찬지리지』〈흥해군〉의 '제언'에는 다음과 같은 기록이 있다.

『경상도속찬지리지』〈흥해군〉 '제언'에 나오는 우현 관련 기록이다. 현재까지 '우현' 명칭이 등장하는 가장 이른 기록이다. '우동 우현제', '여천리', '마장리' 등의 지명이 보인다.

(흥해)군 동쪽의 우동 우현제는 15결 5부의 논에 물을 댔다……여천리 제비제는 6결 42부의 논에 물을 댔고, 마장리 남술제는 20결 60부의 논에 물을 댔다.

郡東牛洞牛峴堤灌漑十五結五負……余川里濟非堤灌漑六結四十二負, 馬場 里南述堤灌漑二十結六十負.

　

이곳의 '우동 우현제'는 확실히 지금의 우현 일대를 말한다. 바로 앞에서 흥해군 동쪽에 있다고 했고, 뒤에는 '여천리'와 '마장리'라는 지명이 나오기 때문이다. '우동'이라 한 것은 이 일대를 지칭하는 말로 보이는데, 바로 우현동의 유래가 되는 지명으로 보인다. '우현제'는 우현 일대에 있었던 물을 가두었던 둑을 말한다. 우현제가 "15결(結)⁴ 5부(負)⁵의 논에 물을 대주었다"라고 했는데, 이것은 지금으로 치면 48,000여 평에 물을 대주었음을 의미한다. 이로 보아 우현제는 아주 넓은 못을 가지고 있었음을 알 수 있다. 다만 지금 우현 일대에 이 정도 규모의 땅에 물을 대줄 수 있는 곳을 확인하기는 쉽지 않다. 동시에 모두 소의 의미인 '우(牛)'자가 들어가 있어, 우현 일대가 일찍부터 소와 관련이 있음도 알 수 있다.

이곳의 '마장리' 명칭도 주목할 필요가 있다. 이곳의 '마장리'는 지금의 창포동 마장지 일대가 아니라 흥해군 성곡리에 말을 사육하면서 형

4　결(結): 조선시대 세금을 계산하기 위해 사용한 농토의 넓이 단위이다. 1결의 면적이 얼마인지에 관해서는 두 가지 설이 있다. 첫째, 세종 시기 토지개혁으로 1등전의 1결은 9,859.7㎡(3,253평)였다. 둘째, 소가 4일간 갈 수 있는 면적이라 추정하는데, 약 4,800에서 5,000평 정도에 해당한다는 것이다. 본문은 전자의 기준으로 셈하였다.

5　부(負): 세종 시기 토지개혁으로 사방 10척의 정사각형 면적에 해당한다.

성된 작은 마을로 보인다. 지금도 성곡리에는 '마장(馬場)'이라는 명칭이
남아있다. 후술하겠지만 마장리는 마장지의 유래가 된다는 점에서 이
기록은 의미 있다.

또 같은 책의 '유명영현(有名嶺峴)'에는 이 일대의 큰 고개로 '우현'을
언급해놓고 있다.

도음현 편내현 우현 화이현
道陰峴 片乃峴 牛峴 火伊峴

고개 이름으로서 '우현'을 언급한 것은 이 책이 최초이
다. 이 기록으로 '우현' 명칭의 유래가 최소한 책이 간행
된 1469년까지 거슬러 올라간다는 것을 알 수 있다. 특히
이 기록이 의미 있는 것은 이후 발행되는 『동국여지승람』
과 『신증동국여지승람』(1530)을 비롯한 지리지나 읍지에
기록으로 '우현' 명칭이 나오는 것은 찾아보기 어렵다는
것이다. 필자의 조사에 의하면, 1910년 무렵 조선총독부
가 발행한 『조선지지자료(朝鮮地誌資料)』[6] 〈흥해군, 동상면〉

一
有
名
嶺
峴

道
陰
峴

片
乃
峴

牛
峴

火
伊
峴

『경상도속찬지리지』(1469) 〈흥해군〉 '유명영현(有名嶺峴)'에 나오는 '우현' 기록.
'우현' 명칭이 최초로 보이는 문헌이다.

---

6 이 책은 일제강점기 때인 1910년 무렵에 나온 책으로, 조선총독부가 『신증동국여지승
람』을 본뜬 새로운 형식의 지지(地誌) 자료이다. 필사본으로 총 54책으로 되어있으며,
경상북도는 8책으로 되어있다. 1900년대 초기 지역의 이동(里洞) 명칭과 산천 등의 변
화를 알 수 있는 중요한 자료이다. 현재 국립중앙도서관에 유일하게 소장되어 있다.

의 '영치현명(嶺峙峴名)'에 '우현' 명칭이 나오기까지 440여 년간 '우현' 관련 기록은 찾아보기 어렵다.

이 기록에서 또 주목해야 할 것은 '여천리', '제비제' 같은 우리에게 낯익은 지명도 등장하는 점이다. 여천리는 흥해군과 영일군의 경계에 있던 마을로 지금의 학산천이 그 경계로, 바로 우현동과 학산동을 가르는 경계이기도 하다. 제비제는 포항여중 뒤쪽 제비산 아래에 있던 연못이나 지금은 매립으로 사라지고 없다. '제비'는 이두식 표기로써 우리말의 제비를 음만 빌려서 쓴 것이다.

『경상도속찬지리지』의 우현 관련 기록은 둑과 연못 상황을 설명한 것이지만 '우현', '여천리'·'제비제', '마장리' 등이 들어간 가장 이른 문헌이라는 점에서 의미가 있고, 우현과 이 일대의 지명 유래가 그만큼 오래되었음을 증명하는 귀한 기록이라고 할 수 있다. 이처럼 『경상도속찬지리지』의 기록으로 우리는 '우현'의 역사가 지금으로부터 약 600년 정도 더 거슬러 올라간다는 것을 알 수 있다.

우창동 역사의 공백기 1500년대와 1600년대

조선시대 우창동의 역사는 줄곧 흥해군의 역사와 맥락을 같이한다. 앞서 우현동의 유래가 흥해군에 있었던 '우동'과 '우현'에서 유래한다는 것을 확인할 수 있었다. 여기서 상당히 흥미로운 것은 이 기록들은 모두 1400년대 초중반에 나온 것이고, 이후 1500년대에서 1700년 중반에 〈해동지도〉에서 고개 이름으로서의 '우현'이 등장하기 전까지 우현 관련 기록은 찾아보기 어렵다는 것이다. 그렇다면 거의 300년 동안 우현 관련이 보이지 않는 것은 왜일까?

사회적 혼란으로 인한 고을의 물산과 명승 등을 기록한 지리지의 편찬이 현저히 줄어든 것이 가장 큰 이유였다. 1500년대 국가에서 편찬한 지리지로는 『신증동국여지승람』(1530)이 유일하다. 『신증동국여지승람』에는 『경상도속찬지리지』에서 우현 관련 기록이 실린 '제언'과 '유명영현'이 없어지고, '산천(山川)'으로 통일되면서 우창동 관련 기록은 보이지 않는다. 또한 『신증동국여지승람』 편찬 이후 1592년에 임진왜란이 일어나고, 그로부터 또 44년이 지난 1636년에 병자호란까지 일어나면서 당시 조선에서는 사회 재건으로 지리지를 편찬할 여력이 되지 못했다. 이 때문에 『신증동국여지승람』 편찬 이후 병자호란 전까지는 이렇다 할 지리지의 편찬이 이루어지지 않아 우창동 관련 기록을 찾아보기 어렵게 되었다. 병자호란 이후 사회 재건 과정에서 변화된 상황을 반영할 지리지의 필요성이 대두되면서 1660년 무렵인 현종(顯宗)대에 『동국여지지(東國輿地志)』가 편찬되었다. 이것은 『신증동국여지승람』이 나온 후 130년이 지난 뒤의 지리지 편찬이었다. 그러나 아쉽게도 『동국여지지』에 포항지역의 흥해군, 청하현, 영일현, 장기현 지리지가 누락이 되면서 1600년대에도 우창동의 역사를 파악하기 어려워졌다. 특히 우창동의 역사를 파악하는데 필수적인 흥해군 지리지의 경우는 1831년에 간행된 『경상도읍지(慶尙道邑誌)』에서 보이기 시작하여 더더욱 우창동뿐만 아니라 흥해군의 역사를 파악하는데 어려움이 있다.

　이처럼 1500년대와 1600년대의 우창동 역사를 살피기 어려운 것은 『신증동국여지승람』에서 '제언'과 '유명영현' 조항이 빠진 것과 임진왜란과 병자호란이라는 국가적 규모의 전쟁으로 고을의 상황을 반영한 지리지가 제때 편찬하지 못했기 때문이었다.

1700년대
창포리(蒼浦里)의 등장

1700년대는 포항 역사의 시작과 함께 우창동의 역사도 시작되는 시기라고 할 수 있다. 포항의 역사는 영조 7년(1731) 영일현 북면에 포항창(浦項倉)이 세워지면서 시작되었다. 포항창의 설립은 이후 포항의 도시 형성에 큰 영향을 끼쳤다. 무엇보다 국가적인 식량창고의 설치로 이지역에 인구가 유입되기 시작했다. 이로인해 1700년대에는 영일현 북면과 인접한 우창동에도 사람들이 살기 시작했을 것으로 추측된다. 이러한 영향으로 우창동 관련 기록이 조금씩 보이기 시작하는데, 관찬 문서, 흥해군 지도, 우창동 경내의 묘전비(墓前碑) 등에서 '우현'과 '창포' 관련 명칭이 등장하는 것을 볼 수 있다. 이를 통해서 『경상도속찬지리지』의 '우현' 명칭을 실물로 증명할 수 있게 되었고, 창포동의 역사도 파악할 수 있게 되었다.

〈해동지도(海東地圖)〉에 보이는 우현

1700년대 '우현' 명칭이 가장 먼저 보이기 시작하는 문헌은 〈영남지도(嶺南地圖)〉와 〈해동지도(海東地圖)〉의 '흥해군 지도'이다. 〈영남지도〉는 경상도 71개 군현(郡縣)의 지도를 모은 군현 지도로, 대략 영조의 치세인 1724년~1776년 사이에 나왔다. 〈해동지도〉는 군현을 회화식으로 그린 지도로, 1750년 중반에 나왔다. 두 지도 모두 정확한 연대를 확정할 수 없으나 모두 영조 때 나온 것만은 확실하다.

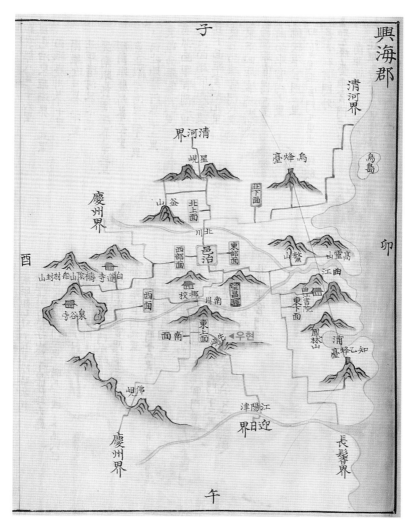

〈영남지도〉의 '우현'

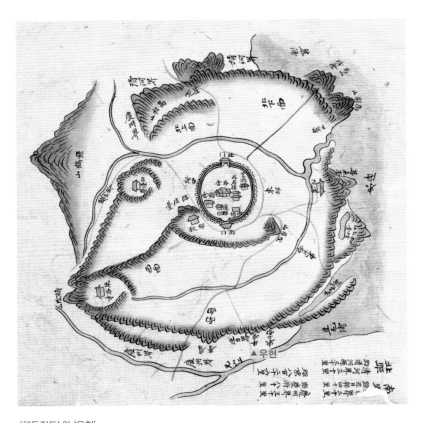

〈해동지도〉의 '우현'

〈영남지도〉 '흥해군 지도'에서 가운데에서 약간 아래에 '우현'이라고 선명하게 한자로 쓰인 것을 볼 수 있다.[7] '우현' 아래에 곡선이 아닌 계단식의 직선 형태로 연결된 길이 지금의 나루끝에서 우현을 넘어 흥해로 가는 길이다. 왼쪽의 〈해동지도〉 '흥해군 지도'에서 아래쪽 영일현과의 경계에 '우현'이라고 한자로 쓴 것을 볼 수 있다. '우현' 명칭 위와 아래로 가느다란 선도 볼 수 있는데, 이 길 역시 〈영남지도〉에서 보이는 계단식 길과 같은 지금의 나루끝에서 우현을 넘어 흥해로 가는 길이다. 위쪽의 둥글게 그려진 곳은 흥해 읍성이고, 그 왼쪽으로 도음산이 보인다. 두 지도 모두에서 '우현'은 흥해군 동상면(東上面)에 속한 고개로 나온다. 그 위치는 흥해군의 가장 남단에 있어 남쪽의 영일현과 경계를 이루는 지점이 되기도 한다. 두 지도는 『경상도속찬지리지』이후 근 280년 만에 처음으로 보이는 '우현' 명칭 기록이라는 점에서 의미가 있다.

〈지승(地乘)〉과 〈여지도(輿地圖)〉에 보이는 우현

1700년대 〈해동지도〉 다음으로 '우현' 명칭이 나오는 지도는 〈지승(地乘)〉과 〈여지도(輿地圖)〉이다. 두 지도 모두 1700년대 후반에 나온 것으로 추정된다.

다음 페이지 왼쪽은 〈지승〉에 보이는 '흥해군 지도'이다. 흥해읍성 안

---

7 '우현' 명칭은 본서에서 수록한 영남대박물관 소장 〈영남지도(嶺南地圖)〉의 '흥해군 지도' 외에도 규장각 한국학연구원 소장 〈영남지도〉의 '흥해군 지도'에도 보인다. 다만 규장각본 지도에서는 '우현' 글자 부분이 거의 지워진 상태로 나와 있어 본서에서는 따로 수록하지 않았다

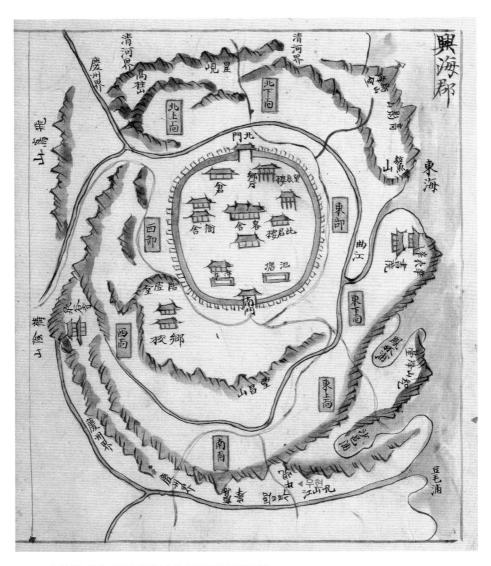

〈지승(地乘)〉(1776년 이후) (출처: 규장각한국학연구원)

〈여지도(輿地圖)〉(1700년 후반) (출처: 규장각한국학연구원)

의 모습과 그 주변의 산천, 사찰, 서원의 위치를 자세하게 볼 수 있어 18세기 말 흥해읍의 역사를 살피는데 중요한 지도이다. '우현'은 지도 의 가장 아래쪽(둥근 원)에 보인다. 이전 페이지 오른쪽은 〈여지도〉에 보 이는 '흥해군 지도'로, 〈지승〉의 '흥해군 지도'와 비슷하다. '우현' 명칭 은 지도 아래쪽에 선명하게 보인다. 이 지도에서도 '우현'은 흥해군의 남쪽 경계임을 알 수 있다. 우현은 조선시대 영일현을 비롯한 남쪽 지방 에서 올라온 물자들이 북쪽의 흥해군이나 청하현으로 갈 때 반드시 거 쳐야 하는 고개였다. 배로 형산강을 타고 와서 지금의 나루끝에서 내려 다시 말과 수레에 짐을 싣고 북쪽으로 향했다. 더욱이 1731년 포항창 의 설치로 이러한 물자수송은 많아졌을 것이고, 이로 우현을 넘나드는 인력과 물자의 왕래는 더욱 빈번했을 것이다.

정원평(鄭元平) 공의 비석에 보이는 우현

'우현'이라는 글자가 실물에서 보이는 것은 〈해동지도〉보다 약 20여 년이 늦은 1771년에 오천 정씨 가문에서 세운 정원평(鄭元平) 공의 비 문에서이다. 이 비석은 2020년 12월 9일 포항중앙고등학교 한문 교사 인 진복규 선생이 학교 뒷산의 삼보사 아래서 발견했다. 비문은 다음과 같다.

자헌대부(동반 당상관 정이품) 정원평 공의 무덤

공은 오천인으로 자헌대부 동지중추부사이다. 아버지의 이름은 민 인데, 가선대부(종이품) 한성좌윤에 증직되셨다. 어머니는 정부인(2 품 벼슬아치의 부인)으로 학생인 경주 석옥의 따님이다. 할아버지는 이름이 득옥으로 급제하여 통정대부(정삼품 당상관) 공조참의에 증직되셨다. 할머니는 숙부인(정삼품 당상관 벼슬아치의 부인) 주씨이다. 증조부는 이름이 영호인데 통정대부에 증직되셨다. 증조모는 숙부인 한씨이다. 공의 부인은 정부인 이씨로 학생 영천 이사립의 따님이다. 아들 하나를 두었는데 이름이 운화이다. (운화가) 합천 학생인 정자평의 딸에게 장가가서 삼남을 낳았는데 장남이 유재, 차남이 유채, 다음이 유선이다. 공(정원평)은 계해년(1683) 시월 초이틀에 태어나 기축년(1769) 시월 십사일에 돌아가셨다. 향년 87세이시다. 그해 십일월 초칠일에 선영에 합장했는데, 동상 우현 준의동 태룡 을향의 언덕이다. 건륭 삼십육년 신묘(1771) 시월 십육일 (묘비를) 세우다.

- 진복규 옮기고 번역

資憲大夫 鄭公元平之墓

公烏川人 資憲大夫 同知中樞府事 考諱敏 贈嘉善大夫 漢城左尹 妣貞夫人 慶州學生昔玉女 祖考諱得玉 及第 贈通政大夫 工曹參議 祖妣淑夫人朱氏 曾祖考諱永豪 贈通政大夫 曾祖妣淑夫人韓氏 室貞夫人李氏 永川學生士立女 生一男 名雲華 娶陜川學生鄭子平女 生三男 長有載 次有彩 次有善 公 生于癸亥十月初二 終于己丑十月十四 享年八十七 同年十一月初七 祔葬於 先塋 東上牛峴峻義洞 兌龍乙向之原 乾隆三十六年 辛卯十月十六日 立

이 비문에서는 밑에서 둘째 줄의 '동상우현준의동(東上牛峴峻義洞)'과 마지막 줄의 '건륭삼십육년(乾隆三十六年)'에 주의할 필요가 있다. 우선 '건륭 36년'은 영조 47년인 1771년으로, 이 비석이 1771년에 세워진 것임을 알 수 있다. 이것은 포항창이 세워진 것으로는 40년, 〈해동지도〉와는 불과 20년 정도밖에 차이가 나지 않는다. 앞의 '동상(東上)'은 〈해동지도〉에도 보이는데 흥해군의 면 이름으로 동상면을 말한다.

비문에서 '우현'을 보면 '우'자는 또렷하게 판독할 수 있으나 '현'자는 마모가 심해 판독이 쉽지 않다. 그러나 부수인 '산(山)'자와 성부인 '견(見)'자의 일부 획이 분명하여 '현(峴)'자 임을 판독할 수 있다(아래 오른쪽 사진 참조). '동상우현'이라 함은 동상면의 우현이라는 의미로, 이는 우현 일대가 행정구역상 여전히 흥해군에 속해 있음을 보여준다.

'준의동'이라는 지명도 보이는데 이곳은 지금의 우현동 경내에 해당하기 때문에 우현동 역사에서는 언급이 필요할 것 같다. 현재 '준의동'이란 명칭은 이 비석 외에도 정원평 공의 묘지 아래 그의 손자인 정유선

좌 : 2020년 12월 9일 진복규 선생이 발견한 정원평 공의 묘비 모습. 이 묘비는 현재 '우현'이라는 글자가 들어간 가장 이른 비석이다.

우 : 왼쪽 비문 속의 '동상우현' 부분이다. '현'자의 마모가 심하여 판독이 어려운데, 자세히 보면 '산(山)'자와 '견(見)'자의 획임을 일부 볼 수 있다.

(鄭有善) 공의 무덤 상석에도 보인다. 무덤 상석에는 '……장우군남준의동(葬于郡南峻義洞)……'이라고 새겨져 있다. 이곳의 '군남'은 '흥해군의 남쪽'이란 의미이다. 문장의 전체적인 의미는 "흥해군 남쪽의 준의동에서 장례했다"이다. 이로 보면 준의동은 확실히 흥해군의 남쪽에 있었을 것으로 추측되고, 정확한 위치는 비석의 위치로 보아 흥해군 동상면에 있지 않았을까 추정된다. 마을의 위치는 비석의 위치로 보아 현재 중앙고등학교 뒷산이었을 것으로 추정된다. '준의동'에 대한 기록은 이상의 두 비석에 보이는 것뿐이고, 문헌 기록은 현재까지 필자가 찾아본 바로는 보이질 않는다.

여기서 한 가지 더 추론해보면, 지금의 흥해 방면의 우현 아래쪽 마을을 의현(義峴)이라고 하는데, 이 지명이 준의동과 관련이 있을 것이라는 생각이 들지만 두 지명 사이의 관계에 대해서는 기록이 없어 알 길이 없다. 이에 대해서는 심도 깊은 고증이 필요해 보인다.[8]

정원평 공의 비석은 비록 오천 정씨 가문에서 세운 비석이나 실물 기록으로 '우현'이 들어간 가장 이른 비석이라는 점, '준의동'이라는 흥해의 새로운 동 이름이 들어가 있는 점, 1770년대에도 우현은 흥해군 동상면에 속한 지역이었음을 보여주는 비석이라는 점에서 우현동의 역사에서만은 귀중하게 다뤄져야 할 비석이다.

8　이와 관련된 또 하나의 사례로는 신진동(新津洞)이 있다. 2022년 2월에 진복규 선생이 대도중학교 큰길 건너 산자락에서 발견한 절충장군박공지묘(折衝將軍朴公之墓)에는 이런 구절이 있다. "흥해군의 동쪽 신진동 묘릉 묘좌 유향의 언덕에 장사지냈다(…葬于郡東新津洞, 卯龍卯坐, 酉向之原…)." 이곳의 '신진동'은 흥해군 동쪽에 있었던 마을로 보이는데, 기존의 지리지나 읍지에는 보이지 않는다.

창포리(蒼浦里)의 등장

'창포리'의 등장은 1700년대 우창동 역사에서 가장 중요한 사실이라고 할 수 있다. 정원평 공의 비석 이후 18년이 지난 영조 13년(1789)에 전국적으로 실시한 인구통계를 토대로 작성된 『호구총수(戶口總數)』가 발간되었다. 『호구총수』는 같은 시기의 영일군 전체 고을의 호구 수, 면·리 수 및 마을 이름을 다룬 최초의 기록으로, 영일권의 행정구역 변천과 마을의 유래를 이해하는데 아주 중요한 책이다. 이 책의 흥해군 동상면에 '창포리'가 등장한다.

『호구총수』에 따르면, 당시 우현이 속한 흥해군의 동상면은 12개 리(里)를 관할했다. 이들은 각각 신흥(新興), 여천(余川), 아윤(阿伊), 창포(蒼浦), 성곡(城谷), 수통(水桶), 두모치(豆毛致), 조말(鉏末), 한자진(汗者津), 여음(汝音), 우구말(牛口末), 침촌리(針村里)이다. 여기서 우창동과 관련해서 주목되는 것은 창포리와 여천리이다. 이 두 마을은 후에 우현동과 합쳐지거나 일부가 편입되기 때문에 우현동 역사에서 눈여겨볼 부분이다. 또 하나는 지금의 우창동 기준으로 보면 18세기 말엽에는 우현동보다 창포리가 먼저 형성되었음을 알 수 있다. 다만 창포리의 '창(蒼)'자는 지금의 한자 표기인

1789년에 간행된 『호구총수(戶口總數)』의 〈흥해군 동상면〉에 보이는 창포리(蒼浦里)

'창(昌)'과 다른데 이에 대해서는 고증이 필요할 듯하다.

　이상에서 1700년대에는 '우현'이 흥해군에 속하는 하나의 고개 이름으로 존재해왔고, 마을 이름으로서의 우현은 아직 후대의 일임을 알 수 있다. 또한 『호구총수』에 처음으로 보이기 시작한 '창포리' 역시 당시에는 흥해군 동상면에 속한 마을이었으며, 후에 성립되는 마을로서의 우현보다는 훨씬 이전에 형성된 마을임을 알 수 있다.

최덕환(崔德煥) 공의 비석에 보이는 우현

　최덕환(崔德煥) 공의 비석은 '우현' 명칭이 실물에 보이는 두 번째 비석이다. 비석 측면의 "건륭 육십년 을묘년 초겨울에 세우다(乾隆六十年乙卯孟冬立)"는 기록으로 정조 19년인 1795년 겨울에 세워졌음을 확인할 수 있다. 이는 정원평 공의 비석보다 24년이 늦다. 이 비석 역시 진복규 선생이 중앙고등학교 뒷산의 비탈에서 발견한 비석이다. 비문은 다음과 같다.

　(정면) 학생 월성 최 공의 묘

　(뒷면) 공의 휘는 덕환이고, 경주 사람이다. 돌아가신 아버지는 휘가 삼희이고, 어머니는 김해 김씨 세웅의 따님이다. 공은 건륭 병진년(1736, 영조 12년) 9월 초사흘에 태어나, 계축년(1793, 정조 17년) 12월 초아흐레에 돌아가시니 향년 58세이셨다. 갑인년(1794, 정조 18년) 3월 13일 (흥해)군의 남쪽 우현 향묘 언덕에 장례를 치렀다. 짝은 김해 김씨 하중의 따님인데 공의 무덤에 합장했다. 사남 삼녀를 두었는데, 아들 경호, 경제, 경옥, 경수이다. 또 측실에게서 아들이 있었는데, 경하이다. 딸

학생월성최공지묘(學生月城崔公之墓) 비석.
진복규 선생이 중앙고등학교 뒷산에서 발견하였다.

은 류축에게, 차녀는 서진철에게, 다음은 서규복에게 시집갔다. 경수
는 일찍 죽었고, 경호는 두원을 낳았다. 나머지 손자들은 어려서 기록
하지 않는다.

(측면) 건륭 육십년 을묘(1795, 정조 19년) 초겨울에 세우다.

(정면) 學生月城崔公之墓

(뒷면) 公諱德煥 慶州人 考諱三熙 妣金海金世雄女 公生于乾隆丙辰九月初
四日 卒于癸丑十二月初九日 享年五十八 甲寅三月十三日 葬于郡南牛峴
向卯之原 配金海金夏重女 合窆公墓 有四男三女 男景浩景濟景沃景洙 又
有側室子景河 女適柳穑 次徐鎭喆 次徐圭復 景洙早卒 景浩生斗元 諸孫幼
不記.

(측면) 乾隆六十年 乙卯 孟冬 立

비문은 경주 최씨 최덕환 공의 가계내력, 장례를 지낸 곳과 날짜 등을
기록하고 있다. 비문의 '군남우현(郡南牛峴)'은 바로 '흥해군 남쪽의 우
현'을 말한다. 이 비석은 정원평 공의 비석과 더불어 '우현' 명칭이 들어
간 비석이자, 현재까지 1700년대에 '우현'이 들어간 마지막 비석이다.
이 비석 역시 경주 최씨 가문에서 세운 것이지만 비석 속의 '우현' 명칭
을 통해 당시 이 지역에서 '우현' 명칭이 두루 쓰였음을 알 수 있다.

1800년대
창포진(蒼浦津)의 등장

1800년대 우창동의 역사는 1700년대와 비슷한 양상을 보인다. 고개 이름으로서의 우현은 그대로 이어지고, 우창동 지역은 이 시기에도 행정 구역상 흥해군 동상면에 속했다. 그러나 이 시기의 일부 지도에서 '창포진(蒼浦津)'이란 명칭이 보여 1700년대의 '창포리'와 함께 창포동의 역사를 파악할 수 있게 된 것이 특징이다. 1800년대에는 포항창의 설립 이후 영일군 북면 지역의 경제활동이 활발해지면서 인구가 유입되기 시작했다. 이러한 여파로 기존 포항창을 중심으로 한 거주지역이 점차 확대되어갔다. 이 과정에서 여천리와 우현 고개 사이에 있던 지금의 우현동과 창포동 일대에 사람들이 정착하기 시작했던 것으로 보인다. 필자가 보기에 이것이 바로 마을 혹은 동(洞)으로서의 우창동 형성에 단초가 되었다.

다만 1800년대 들어와서 흥해군의 면·리 상황은, 상세한 기록이 남아있는 영일현이나 장기현과 달리 기록 자체가 『호구총수』의 내용을 그대로 연용하고 있어 그 면리(面里)의 변화상황을 정확하게 파악하기 어려운 점이 있다.

〈각읍지도(各邑地圖)〉에 보이는 우현

〈각읍지도〉는 '고을을 각각 그린 지도책'의 의미이다. 이 지도도 〈해동지도〉처럼 흥해군을 그린 지도이다. 남천(南川)과 북천(北川) 사이에 흥

각읍지도(1800년대 초)

해 읍치와 향교가 보인다. 흥해군의 남쪽 경계가 형산강을 기준으로 영일현과 나눠진 것을 볼 수 있다.

지도에 보이는 흥해군의 면(面)은 총 8개이다. 지도에서 직사각형에 노란색 바탕이 들어간 곳이다. 8개 면은 위에서부터 북하면(北下面), 북상면(北上面), 서부면(西部面), 동부면(東部面), 서면(西面), 동하면(東下面), 남면(南面), 동상면(東上面)이다. 이 면의 수는 1765년에 간행된 『여지도서』와 1789년에 나온 『호구총수』의 면의 수와 일치한다.

남천 아래의 동상면 밑에 '우현'이라고 선명하게 표기되어있다. 지도
상으로 우현이 동상면에 속한 곳임을 알 수 있다. 우현에서 형산강 사이
에는 특별한 건물이나 마을이 없었기 때문에 지도에는 아무것도 표기
되어있지 않음을 알 수 있다. 또 우현과 형산강을 바짝 붙여서 그린 〈해
동지도〉의 모습과는 다른 모습이기도 하다.

『경상도읍지』(1831)에 보이는 우현

『경상도읍지』는 1830년 전후 경상도 관찰사의 명에 따라 각 군현에
서 편찬한 읍지를 경상감영에서 모아 간행한 읍지이다. 총 20책으로,
경상도 71개 읍의 읍지가 수록되었다. 영일현과 장기현은 13책에, 흥
해군은 14책에, 청하현은 20책에 수록되어있다. 『경상도읍지』는 1530

『경상도읍지』(1831)에 보이는 흥해군 지도 속의 우현.

년에 간행된『신증동국여지승람』이후 흥해군의 지리 상황을 반영한 유일한 읍지(邑誌)로, 1800년대 흥해군의 행정구역과 지리 상황을 파악하는데 아주 중요한 자료이다.

　이 지도는『경상도읍지』중 〈흥해군읍지〉의 가장 앞에 수록되어있다. 앞의 〈각읍지도〉보다는 41년이 늦다. 이 지도는 흥해군의 전체적인 모습을 그린 것으로, 시각이 북쪽에서 남쪽을 보고 있어 지금의 지리 위치로 보려면 거꾸로 보아야 한다. 즉, 위쪽이 남쪽이 되고, 아래쪽이 북쪽이 된다. 지도에서 남천(南川)과 북천(北川)이 흥해군을 위아래로 돌아 흐르며 곡강에서 만나 바다로 들어가는 모습을 볼 수 있다. 남천 위에 우현(牛峴)이라 했고, 북천 아래에는 성현(星峴)이라고 한 것을 볼 수 있다. 우현은 흥해군의 남쪽 경계가 되고, 성현은 흥해군의 북쪽 경계가 된다.

　『경상도읍지』의 우현 명칭은 1800년대 우현 명칭이 등장하는 몇 안 되는 기록으로, 우현이 흥해군과 영일현 북면의 포항리(浦項里)를 이어주는 중요한 고개였음을 보여준다.

　〈경상도지도〉(1872)에 보이는 우현과 창포진(蒼浦津)
　1872년에 제작된 〈경상도지도〉는 앞의 지도들과 달리 산과 도로가 입체적으로 표시되어있어 우리 지역의 변천과 위치를 파악하는데 중요한 지도이다.

　이 지도는 전체적으로 흥해군의 경계까지 그려져 있는데, 아래로 형

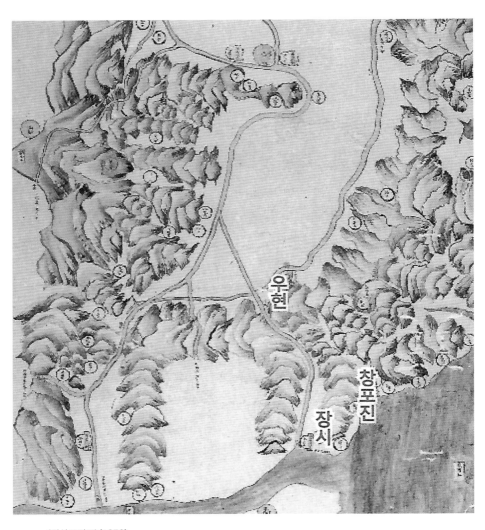

〈경상도지도〉(1872)

산강 이북까지 그려져 있음을 볼 수 있다. 우현은 흥해 읍치에서 남쪽으로 남천과 대로가 교차하는 바로 아래에 있다. 이곳은 지금의 위치와도 그리 차이가 나지 않는 것처럼 보인다. 지도로 보면 우현은 포항지역에서 흥해로 넘어가는 아주 중요한 고개였음이 한눈에 들어온다.

이 지도는 우창동의 역사로 보면 두 가지 점에서 눈여겨 봐두어야 한다.

첫째, 형산강 하류 쪽에 창포진(倉浦津)이라는 명칭이다. '창포리(蒼浦里)'는 1789년 『호구총수』에 이미 나왔음을 확인하였는데, 이 지도에서는 또 창포진이라고 한 것이다. '창'의 한자도 ('곳집'의 의미인) '창(倉)'자를 쓰고 있다. 그러니 이 무렵에 '창(蒼)'자가 '창(倉)'자로 바뀐 것을 알 수 있다. 이 정도의 변화는 음이 같은 관계로 전래되는 과정에서 충분히 바뀔 수 있다고 보인다. 시기적으로 보면 창포리가 먼저 형성되고 창포진이 이뤄진 것으로 보인다. 거의 100년에 이르는 사이 바다와 인접해 있던 창포리는 계속 발전했던 것으로 보인다.

둘째, 지금의 우현동에 해당하는 우현에서 여천리(余川里) 사이에는 아직 어떤 마을이 형성되지 않은 것처럼 보인다. 그러나 이곳은 위치적으로 아주 좋은 곳이어서 훗날 우현동 형성에 단초가 된다. 형산강 하류의 여천리 장시에서 경제가 활성화되면서 대로가 펼쳐진 우현 고개에 이르는 길은 사람들이 거주하기 좋은 곳이 되기 때문이다. 예나 지금이나 교통이 편리한 대로변에는 사람들이 거주하기 시작한다. 또 이곳은 대로를 이용해 흥해나 연일지역으로 가기에도 편리했다.

1900년대 이후

우현동과 창포동 그리고 우창동 지명의 탄생

일제강점기는 우창동의 형성에 결정적인 시기이다. 무엇보다 이 시기에는 이전까지 고개 이름으로서의 '우현'에서 마을 이름으로서의 '우현동'이 탄생하고, 행정구역상 줄곧 흥해군 동상면에 속했던 지금의 우창동 일대가 포항면이 신설되면서 편입되는 과정을 거친다. 현재 우리가 아는 우현동과 창포동의 토대가 완성된다.

1914년, 포항면(浦項面)에 편입된 우현동과 창포동

1900년대 이전까지 고개 이름으로서의 우현은 기록에 나오지만, 마을 이름으로서 우현동은 보이지 않았다. 그러다 1900년대 초, 마을 이름으로서의 우현동이 처음으로 보이기 시작한다. 우현동 형성의 토대는 이미 앞서 서술했으므로 생략하고, 이곳에서는 우현동과 창포동이 어떤 행정적 변화를 거쳐 나오게 되었는가를 서술한다.

1910년 한일합방으로 발족된 일제의 조선총독부는 조선 말의 제도를 식민통치조직으로 합리화시키기 위해서 지방 제도의 정비를 단행했다. 이때의 지방 행정구역 개편은 두 차례에 걸쳐 이뤄졌다. 첫 번째 개편은 1912년 1월에서 1914년 2월까지 이뤄졌고, 두 번째 개편은 1914년 3월 1일에서 1916년까지 이뤄졌다. 이중 첫 번째 개편이 우창동의 역사에서 중요하다. 우현동과 창포동이 처음으로 동 이름으로 보

이기 때문이다. 1910년 무렵 조선총독부가 간행한 『조선지지자료』에
는 당시 흥해군 동상면의 25개 리·동(里·洞)의 하나로 우현동과 창포동
이 나온다. 이 기록은 우현동과 창포동을 명시한 최초의 기록으로 우창
동의 역사에서 큰 의미가 있다. 다만 창포동의 경우는 '창포리'로도 나
오는데[9], 이는 개편 때 이전 명칭과 이후 명칭을 혼용해서 쓴 것이 아닌
가 싶다. 창포동의 한자 명칭도 1800년대의 '창포(倉浦)'에서 현재 쓰는
한자인 '창포(昌浦)'로 바뀌었다.

하나 더 보충할 것은 우현동, 창포리와 함께 흥해군 동상면에 속했던
이나동(利羅洞)이다. 이나동은 마장지 북서쪽 이나골에 김해 김씨가 마
을을 이룬 곳으로, 지금의 우창동 경내에 있었던 마을이다. 김씨 가문에
서 여아를 많이 낳았다 하여 '여아'의 의미인 '이나'로 마을 이름을 삼았
다고 전한다. 이나동은 1914년 3월에 단행된 일제의 행정구역개편 때
창포동에 편입되면서 사라졌다.

이상의 기록으로 우현동과 창포동은 1910년 초까지도 흥해군에 계
속 속해 있었음을 알 수 있다. 참고로 이때 우현동의 인근 마을인 학산
동, 여천동 등도 흥해군 동상면에 속해 있었다.

1914년 3월 1일에 이뤄진 대대적인 행정구역 통폐합으로 큰 변화가
일어났다. 가장 큰 변화는 1896년 이후로 경상북도의 관할 하에 있던

9　『조선지지자료』〈흥해군 동상면〉의 '동리촌명(洞里村名)'에는 '창포동'으로 나오고, '아
　평명(野坪名)'의 창평(昌坪)에는 창포리로 나온다. 참고로 1912년 조선총독부가 간행한
　『지방행정구역명칭일람(地方行政區域名稱一覽)』의 〈흥해군 동상면〉에도 창포리로 나온다

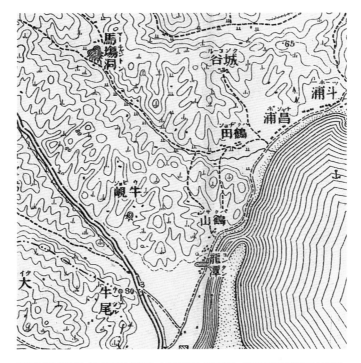

1913년에 제작된 〈조선총독부지도〉 속의 '우현'. 위쪽에는 '마장동(馬場洞)'도 보인다.

흥해군, 연일군, 장기군, 청하군 4군을 영일군의 이름으로 통폐합하고, 그 아래 새로 개편한 17면과 225리·동을 둔 것이다. 이때 신설된 17개 면과 동수는 다음과 같다.

장기면(12), 봉산면(11), 창주면(16), 동해면(10), 오천면(16), 대송면(15), 연일면(13), 포항면(16), 흥해면(15), 달전면(9), 곡강면(10), 신광면(13), 기계면(23), 청하면(17), 송라면(10), 죽남면(10), 죽북면(9)   *( )는 동수

이 개편에서 두드러진 점은 바로 포항면의 신설이었다. 포항면은 흥해군 동상면의 25개 동과 연일군 북면의 8개 동, 읍내면 효자동의 일부, 동면의 송호동 등을 병합하여 용흥·득량·학잠·죽도·대도·상도·해도·포항·장성·양덕·환호·여남·학산·우현·창포·두호동 등 16개 동을 행정구역으로 하여 신설되었다. 이렇게 되자 포항면은 흥해면과 대등한 행정적 지위를 갖게 되었고, 우현동과 창포동은 처음으로 포항이라는 이름의 면에 편입되었다. 우리가 아는 '포항 우현동과 창포동'의 시작은 바로 이때부터라고 할 수 있다.

1917년, 형산면(兄山面)에 편입된 우현동과 창포동

포항면에 속한 우현동과 창포동은 이로부터 3년 뒤 다시 행정구역상 변화를 겪는다. 바로 1917년 10월 1일에 포항동, 학산동, 두호동 세 개 동이 지정면(指定面)이 되면서이다. 지정면이란 인구가 비교적 많고 상공업이 발달하여 도시적인 면모를 갖춘 곳을 말한다. 이로 보면 당시 이 세 지역은 다른 곳보다 훨씬 발달했고, 인구가 상대적으로 많아 따로 하나의 행정구역이 된 것으로 보인다. 이 세 개 동의 관할구역을 보면 다음과 같다.

포항동 : 구 흥해군 동상면의 신흥, 어양, 여천(일부), 용담(일부)과 구 연일군 북면
　　　　　의 포항
학산동 : 동상면의 학산, 아호, 용담(일부), 여천(일부)
두호동 : 동상면의 두호, 관대, 설말, 이진

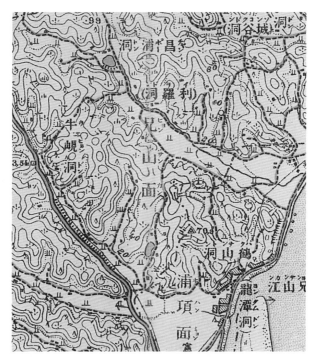

1918년의 〈조선총독부지도〉에 보이는 우창동 일대의 모습. 축적은 1:50,000
이다. 왼쪽에 '우현동'이 보이고, 위쪽에 '창포동'이 보인다. 우현동 옆으로
흥해로 넘어가는 소티재가 보이고, '창포동' 아래에는 지금은 사라진 이나동
(利羅洞)도 보인다

　　이로써 우현동과 창포동은 포항면의 나머지 13개 동과 함께 새로 신
설된 형산면에 편입되었다. 이것은 1918년에 나온 〈조선총독부지도〉
를 보면 아주 명확해진다.
　　지도에서 우현동과 창포동이 형산면의 행정구역임을 알 수 있고, 학
산동 일대가 포항면인 것을 확인할 수 있다. 형산면의 신설로 통합 영일

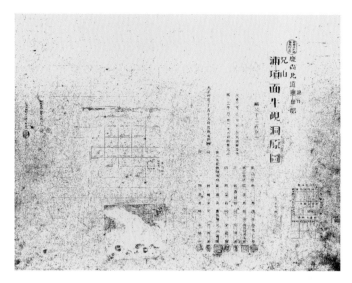

포항면에서 형산면으로 바뀐 것을 보여주는 〈형산면 우현동 원도(原圖)〉의 표지 모습.
오른쪽 상단에 세로로 '형산면 우현동'이라고 한 것을 볼 수 있다 (출처: 국가기록원)

군은 18면을 관할하게 되었다. 이러한 국면은 1931년 포항읍으로 승격
될 때까지 이어진다.

1938년, 포항읍(浦項邑)에 편입된 우현동과 창포동

지정면제에 따라 일종의 특례를 받았던 포항면은 일제의 식민지정
책으로 상공업과 수공업이 발달하고 도시적인 모습을 갖추며 발전하였
다. 그러다 1931년 4월 1일부터 시행된 '읍면제'로 종래의 지정면이 읍
으로 조정되어 새로운 행정구역인 '읍'이 창설되면서 포항읍으로 승격
되었다. 당시 전국에서 탄생한 41개 읍 중 경북에서 5개의 읍이 탄생했
다. 이중 포항이 그 한 곳이었다.

1931년 포항읍의 승격결과는 실질적으로 기존 지정면의 세 개 동, 즉 포항동, 학산동, 두호동에 대한 분동(分洞)으로만 이뤄졌고 인근 면들을 흡수하지 못한 것이었다. 때문에 이 무렵에는 형산면에 속했던 우현동과 창포동은 아직 포항읍에 편입되지 못했다. 우현동과 창포동이 포항읍에 편입된 것은 1938년 9월 27일 공포된 부령(府令) 제197호에서 결정된 구역확대 때였다. 이때 우현동과 창포동이 포함된 형산면의 13개 동(득량·죽도·학잠·대도·상도·해도·용흥·장성·양덕·환호·여남·우현·창포)과 대송면의 송정동 일부 및 신설된 향도동(광복 후에는 송도동으로 변경)이 포항읍에 편입되었다. 여기에 포항읍은 기존의 포항동, 학산동, 두호동 3개 동과 총 17개 동을 관할하게 되었다. 10월 1일에는 기존의 13개 동에 동빈정을 일정목과 이정목으로 분동하고, 형산면의 13개 동과 대송면의 송정동 일부를 편입하여 28개 동으로 확장 개편하였다.

이러한 추세는 1945년 광복 때까지 큰 변화 없이 이어져 왔다. 그리고 광복 당시에는 포항읍 중심부의 일본식 정제(町制) 명칭이 광복 후인 1946년에 한국식 명칭으로 새롭게 바뀐 것 외에는 이렇다 할 변화가 없었다.

연대	우현동과 창포동의 행정구역	비고
1912. 01 ~ 1914. 02	흥해군 동상면	창포리
1914. 03 ~ 1916	포항면	
1917. 10 ~ 1931. 03	형산면	
1931. 04 ~ 1949.08	포항읍	
1949. 08. 15. ~	포항시	

지금까지의 변화를 보면, 우현동과 창포동은 흥해군 동상면에 속했다가 일제강점기 때 여러 차례 행정구역상의 변화를 겪었다. 즉 흥해군 동상면 → 포항면 → 형산면 → 포항읍으로의 행정구역상의 변화를 겪는다. 우창동과 창포동은 최종적으로 포항읍에 편입되어 포항의 발전과 함께 지금까지 이어져 왔다.

1966년, 우창동 지명의 탄생

1931년부터 이어져 온 포항읍은 정부수립 이듬해인 1949년 8월 14일 대통령령 제161호로 포항부(浦項府)로 승격되었다가, 지방자치법 법률 제32호(7월 4일에 공포)로 다음날인 8월 15일 자로 포항시로 개칭되었다. 이로 1914년 영일군으로 통합된 후 35년 만에 시(市)로서의 위상을 갖게 되었다.

당시 포항의 동은 우현동과 창포동을 포함하여 총 28개 동이 있었다. 이후 포항은 6·25전쟁을 겪으면서 시세가 한동안 위축되었다. 시의 인구는 1951년에 50,131명이던 것이 1954년에는 45,949명으로 떨어졌다. 1955년 해병부대의 주둔과 전후복구사업이 활성화되면서 인구가 다시 증가하기 시작했다. 1959년에 5만 명을 회복했고, 1961년에는 6만 명을 넘게 되었다.

포항시는 시세가 확장됨에 따라 1960년대에 두 차례에 걸쳐 행정구역개편을 단행했다. 이중 우현동·창포동과 관련 있는 개편은 1966년에 있었던 두 번째 개편 때였다. 1966년 7월 15일 시 조례 제234호에 의해 여천동·중앙동을 여중동으로, 득량동·학잠동을 양학동으로, 죽도 1동과 죽도 2동을 죽도동으로, 우현동과 창포동을 우창동(牛昌洞)으로, 두호 1동과 두호 2동을 두호동으로, 환호동과 여남동을 환호동으로 통합한 것이다. 우리가 아는 우창동은 바로 이때부터 시작되었다. 이후 1988년에 7월 1일 시 조례 제1347호로 학산동 일부를 우현동에, 창포동 일부를 장성동 및 두호동에 각각 편입시킨 것을 제외하고는 우창동은 지금까지 이어져 오고 있다.

1993년 김영삼 대통령의 문민정부가 출범하자, 포항시는 정부의 '작고 효율적인 정부' 구성 방침에 따라 행정구역개편을 단행했다. 1995년 1월 1일을 기해 지방행정 기능의 극대화라는 측면에서 시와 군 통합을 단행했다. 이로써 포항시와 영일군을 한데 묶은 도·농 통합 포항시가 출범했다. 포항시는 남구와 북구로 분할하여 2구 4읍 10면 25동 체재를 출범시켰다. 우창동은 포항시 북구에 속하게 되었다.

현재의 우창동

우창동의 역사는 고개 이름으로서 '우현' 명칭이 등장하는 1469년에서 시작하여 지금까지 553년의 역사를 갖고 있다. 조선시대 흥해군 동상면에 속한 고개에서 긴 역사의 흐름을 타고 지금의 우창동에 이르고 있다. 그동안 우창동은 우현 → 창포리 → 우현동과 창포동으로 이어졌고, 행정구역상으로는 흥해군 동상면 → 포항면 → 형산면 → 포항읍을 거쳐 포항시에 편입되었다. 이러한 변화를 거쳐 우창동은 포항시 북쪽의 보잘것없는 산골 마을에서 인구 3만여 명의 동(洞)으로 성장했다.

우창동은 예로부터 골짜기마다 농업에 종사한 사람들이 자연부락을 이루며 살던 마을이었다. 농지가 적고 대부분이 산과 골짜기로 이루어져 포항의 다른 마을보다 발달이 더뎠다. 1968년 포항제철의 건설은 포항지역에 많은 변화를 가져왔다. 포항으로 인구가 유입되면서 우창동에서는 학교가 먼저 지어지기 시작했다. 1969년 3월에 대동중학교가 지금의 대동우방아파트 자리에 개교한 이후 포항여중 이전, 대동고등학교, 유성여자고등학교, 중앙고등학교, 세화여자고등학교가 개교하는 등, 우창동은 포항시의 대표적인 학군으로 이름이 나기 시작했다. 2017년에 중앙초등학교가 이전하면서 관내에 초등학교 3개, 중학교 4개, 고등학교 6개, 특수학교 1개 등이 자리 잡고 있다.

1980~90년대에는 인구가 급증하면서 용흥동과 우현사거리를 잇는 우회도로가 지금의 우현 탑마트 뒤쪽으로 건설되었다. 이와 동시에 주택 붐이 일면서 우창동의 산과 골짜기는 본격적으로 개발되기 시작했다. 당시 포항시는 주택난을 해결하기 위해서 수차례에 걸쳐 토지구획정리사업을 시행했다. 이 가운데 항구동, 두호동, 창포동 개발을 위한 토지구획정리사업이 1980년 8월에 시작하여 1988년 3월까지 진행하여 1,660세대가 입주할 수 있는 아파트 대지를 확보했다. 지금의 두호주공아파트가 이 무렵에 지어졌다. 우현동에서는 1996년부터 토지구획정리사업이 2010년 중반까지 시행되었다. 그 결과로 이곳에는 고층아파트, 병원, 학교, 행정기관 등이 밀집하면서 우창동의 새로운 중심지로 떠올랐다.

이러한 성과로 동의 인구도 꾸준히 늘어났다. 1994년에 2만 명을 넘었고, 2022년 9월 현재 33,000명을 기록하며 장량동, 흥해읍, 오천읍에 이어 포항시 남·북구 읍면동 중에서 4번째로 많은 인구가 살고 있다.

지형

우창동 골짜기
소티재
마장지

우창동을 이루는 큰 골짜기 중에서 아치골, 소티골은
우현동에 있고 마장골은 창포동에 있다. 세 골짜기는
모두 북서 방향으로 길게 뻗어 포항과 흥해를 이어준다.

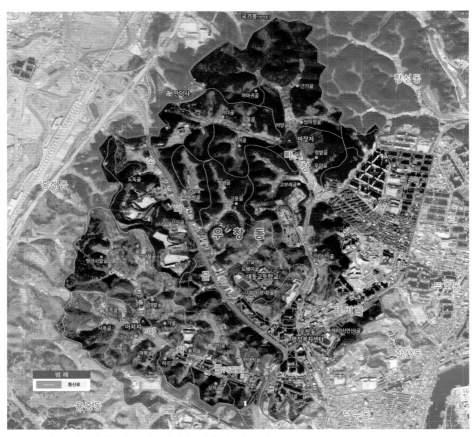

우창동 지도. 우창동의 38개 골짜기의 모습을 잘 보여준다

우창동 골짜기

　우창동 지도를 보면 아주 흥미로운 점을 발견할 수 있다. 북서 방향으로 아치골, 소티골, 마장골 세 골짜기가 뻗어있다. 그 골짜기 사이사이로 또 많은 작은 골짜기들이 뻗어있다. 사실 이곳 조선시대 우창동이 있었던 흥해군 동상면 지역은 마을이 형성되지 않은 거의 산간지대였다. 20세기 들어 사람들이 골짜기에 들어와 정착하면서 본격적으로 개발되기 시작했다. 우창동 지도를 보면 우창동이 세 골짜기를 따라 발전해왔음을 알 수 있다. 그러나 아쉽게도 개발의 결과로 우창동의 많은 골짜기는 매립되어 지금 그 자취를 찾아보기 어렵게 되었다.

　우창동을 이루는 큰 골짜기 중에서 아치골, 소티골은 우현동에 있고 마장골은 창포동에 있다. 세 골짜기는 모두 북서 방향으로 길게 뻗어 포항과 흥해를 이어준다. 이중 소티골이 가장 길고 크다. 이곳은 지금의 나루끝에서 우현사거리를 거쳐 소티재로 가는 7번 국도이다. 아치골은 대동우방아파트에서 길을 건너 세화고등학교와 아치지 쪽으로 올라가는 골짜기이다. 마장골은 창포사거리에서 두호주공아파트를 지나 마장지로 가는 골짜기이다.

아치골
　아치골은 아칠골이라고도 한다. 이곳은 마을 뒷산 봉우리의 모양이 마치 꿩[雉]이 세 개의 알을 품고 있는 모양과 같다고 하여 붙인 이름이다. 이 골짜기는 옛날에 대부분 논이었으나 지금은 개발되어 주택, 상가, 학교 등이 들어서 있다. 골짜기 서북쪽에는 아치지(阿雉池)가 있다. 이를 경계로 위에 있는 들은 못우들, 아래에 있는 들은 못밑들이라고 했다.

아치지

아치골에는 15개의 작은 골짜기가 있다. 아치골이 시작되는 대동우방아파트 쪽에 있었던 골짜기부터 나열해보면 다음과 같다.

잔당골 (대동우방아파트 안쪽)

우물골 (한신아파트 사거리의 오일뱅크 일대)

학대박골 (아치로 우현고기마을 안쪽)

성지골 (아치로 우현피터팬어린이집 안쪽)

짐치골 (아치로 우현스카이골프 안쪽)

풍치골 (아치로 세화고등학교 일대)

하지골 (아치로 세화고등학교 맞은편 우방청구아파트 일대)

가골 (아치지 동쪽 일대)

재봉골 (우현청구아파트와 아치지 사이)

대밭골 (테마어린이집 맞은편 안쪽)

다리골 (아치로 127번길 아치지 남서쪽 일대)

서쪽골 (아치지 서쪽 흙사랑 서쪽 일대)

북쪽골 (아치지 서쪽 흙사랑 북쪽 일대)

역대물골 (대명종합자동차정비 동북쪽 일대)

땅가시밭골 (신현대오토종합자동차정비 북쪽 일대)

아치골의 골짜기 명칭을 보면 우리말로 지은 명칭, 방향으로 정한 명칭, 주위의 모습으로 지은 명칭 등이 있는 것으로 보이는데, 이 골짜기들의 정확한 유래에 대해서는 아쉽게도 자료 부족으로 알 길이 없다.

소티골

소티골은 우현(牛峴)에서 유래한 골짜기로 우창동을 가로질러 포항과 흥해를 연결해주는 큰 골짜기이다. 소티골은 나루끝에서 시작하여 소티재까지 이어진다. 흥해로 가는 길이 한쪽으로 나 있고 다른 한쪽은 논이었다. 예로부터 흥해군과 연일현의 경계에 있었던 까닭에 교통이 발달했다. 개발 과정에서 길은 확장되었고, 논은 메워져 지금은 아파트,

학교 등의 시설이 들어서 있다. 소티골에는 8개의 골짜기가 있다. 남쪽
에서부터 나열하면 다음과 같다.

너부나(광내)골 (신동아베르디 2차 아파트 맞은편 해마루숯불갈비 안쪽)

인달래 도배미골 (대동고등학교 북쪽 반도낚시플라자 맞은편의 우창서길)

장신골 (영신중학교 일대)

신자골 (포항명도학교 일대)

고동골 (소티재로 126번길, 경북지질 안쪽)

밤바골 (소티재로 126번길, 경북지질 안쪽에서 왼쪽편)

손달래 용바골 (포항서밋컨벤션 맞은편의 우현풋살 뒤쪽)

도독골 (소티재로 151번길 포항해양결찰서 북쪽)

1976년 소티골

마장골

마장골은 창포사거리에서 두호주공아파트를 거쳐 마장지로 가는 골짜기이다. 이곳은 마장지가 있어 인근 우창동 주민들이 많이 찾아오는 곳이다. 현재는 창포사거리에서 두호주공아파트까지는 택지개발로 모두 메워졌고, 두호주공아파트에서 북쪽으로 이어진 마장지 골짜기를 볼 수 있다. 마장골에는 13개의 골짜기가 있다. 남쪽에서부터 나열하면 다음과 같다.

오바골 (두호초등학교 동쪽 일대)

손가주골 (두호초등학교 서쪽 창포메트로시티아파트 일대)

당수골 (두호주공아파트 북쪽과 작은굴가게 일대)

고부레골 (우창로 125번길 일대)

우미골 (창흥로 일대)

명밭골 (창흥로 일대)

장마장골 (펠리츠모닝 동쪽 일대)

어양골 (마장지 북쪽 골짜기)

구미골 (마장지 북서쪽 일대)

우물골 (마장지 북서쪽 일대)

근기골 (마장지 북쪽 장흥로 180-22 일대)

까마귀골 (마장지 북쪽 장흥로 204 일대)

이나골 (마장지 북서쪽, 우창로 125번길 116 일대, 큰굴 입구)

창포사거리에 있는 창포동 지명석.
마장골(馬場谷)이라고 적혀있다

　이중 창포사거리와 두호주공아파트 사이에 있었던 오바골, 손가주골, 당수골은 지금 거의 사라졌다. 어양골은 마장지 북서쪽의 골짜기로 예로부터 5~6호의 마을을 형성했다. 구미골은 어양골 남서쪽 골짜기로, 예로부터 5~6세대의 마을을 이루어왔다. 그 뒷산 일대는 송림이 울창하고 마을의 골짜기가 거북의 꼬리와 같다 하여 '구미(龜尾)'로 이름했다고 한다. 이나골은 어양골의 서쪽에 있는 골짜기로 김해(金海) 김씨(金氏)가 4~5세대 마을을 형성하여 배나무를 많이 심어 배꽃이 만발하여 이 골짜기를 배나무골이라고도 하였다. 또 김씨 가문에서 여아를 많이 낳았다 하여 여아를 의미하는 '이나'로 골짜기 이름을 삼았다고 한다. 서북쪽에는 일제강점기 때인 1939년에 건설된 속칭 큰굴(혹은 이라굴)도 있다.

이상의 골짜기 외에 지금은 사라지고 이름만 남은 골짜기로는 제비골(혹은 제비산골)과 득신골(덕성골, 덕송골)이 있다. 제비골은 포항여중과 우현시영아파트 일대에 있는데, 마을 뒷산이 제비가 나는 형상을 하고 있어 제비산[燕山]이라 부른 것에서 유래했다. 인근의 제비산마을[燕山村]과 제비산못[燕山池]도 이로 붙여진 이름이다. 『경상도속찬지리지』에는 "여천리제비제(余川里濟非堤)"라는 기록이 있는데, 이곳의 '제비(濟非)'는 우리말 '제비'의 이두식 표기로서 쓴 것이다.

　득신골(덕성골, 덕송골)은 마장지 남쪽에 있는 골짜기로, 현재는 우현동 유성여고 앞길에서 우현더힐을 지나 창포동을 연결하는 길이다. 옛날에는 6~7여 호로 마을을 이루었다. 이곳에는 원래 1939년에 준공한 동해중부선의 일환으로 건설된 철도 터널인 속칭 작은굴이 있었으나 지금은 매립되고 그 위로 도로가 나 있다.

우현시영아파트. 제비산못(연산지)을 메운자리에 아파트가 건립되었다.

소티재

소티재 옛길

해양경찰서옆을 돌아 난 길로 걸어가면 궁금증이 유발된다. 어! 여기도 길이 있네. 이리로 가면 어디가 나올까 등등. 좁은 길은 차도 올라가는데 불과 1분도 안 걸려 정상에 다다른다. 정상에 오르면 멀리 비학산이 보이고 고개를 넘어 내려오면 흥해 달전과 만난다. 아. 여기가 옛 소티재 길이구나. 바로 포항 북구 우현동에서 흥해로 넘어가는 길목이다.

포항시 북구 우현동에서 흥해로 넘어가는 길목에 소티재가 있다. 이

고개는 조선시대에는 연일현과 흥해군을 가르는 경계지점이었다. 지금은 포항과 흥해를 연결하는 길목 역할을 한다. 조선시대 지도에는 우현(牛峴)으로 표기되었고, 지금은 '우현'이라는 말 대신 소티재로 불린다.

우현이 언제부터 소티재로 불렸는지 현재로서는 분명하지 않다. 다만 1910년 무렵에 조선총독부가 발행한 『조선지지자료(朝鮮地誌資料)』의 〈흥해군 동상면〉의 '영치현명(嶺峙峴名)'에는 우현을 기록하면서 그 아래에 우리말로 '소태재'라고 명시하였다. 이것은 지금까지 소티재 명칭에 관한 가장 이른 기록이다. 이 기록으로 보면 적어도 1910년까지도 우현을 소티재로 불렀다는 것이 된다. 이로 보면 소티재라는 명칭은 적어도 110년이 넘은 역사를 갖고 있는 셈이다.

1910년 무렵 조선총독부가 발행한 『조선지지자료(朝鮮地誌資料)』 〈흥해군 동상면〉의 '영치현명(嶺峙峴名)'에 보이는 '우현'과 우현의 한글 이름인 '소티재' 기록. 이곳의 '우현'은 1469년의 『경상도속찬지리』 이후 문헌상으로 보이는 두 번째 기록이자, 우현의 한글 이름 '소티재'가 보이는 최초의 기록이다

이름의 유래

소티재의 유래에 관해서 『포항시사(浦項市史)』는 세 가지 설을 소개하고 있다.

흥해로 넘어가는 재의 형국이 '누운 소' 같다 하여 '소티'라고 불렀다는 설, 옛날 영덕으로 가던 어떤 소 장수가 날이 저물어 이곳에서 자던 중 소뼈가 가득 쌓여있는 꿈을 꾸고 이 골짜기를 소티골로 불렀다는 설,

소티재(1970년대)

'소티'는 '작은 고개'라는 의미의 '쇠티'가 변음된 것으로, ('작은 고개'라는 의미의) '소현(小峴)'이 우현(牛峴)으로 잘못 표기되었다는 것이다.

이중 세 번째 설이 소티재의 유래를 잘 설명한다. 우리말 명사 앞에 붙어 '작은'의 뜻을 더하는 접두사에 '쇠'가 있다. '작은 백로'를 뜻하는 '쇠백로', 작은 별꽃을 뜻하는 쇠별꽃 등에서도 확인할 수 있다. 따라서 '작은 티(고개)'라는 의미의 '쇠티'가 '소티'의 어원일 가능성이 있는 것이다. 소티재는 사실 고갯마루가 해발 100m도 안 되는 작은 고개이기도 하다. 하지만 포항 사람들은 이중모음이 들어있는 '쇠'를 발음하기 어려워 '소'로 바꾸어 부르게 되었고, 오랜 세월 동안 전해온 '소티'를 한자로 옮기는 과정에서 '소'의 어원이 소[牛]인 줄 알고 '소 우(牛)'와

'고개 현(峴)'으로 적는 바람에 우현(牛峴)이 되어 오늘날까지 전해왔다. 여기서 '티'가 '고개'란 의미인데, 뒤에 다시 같은 뜻의 '고개'가 붙은 것은 '역전앞'과 비슷한 경우라 하겠다.

또 하나 흥미로운 설을 소개하면 소가 힘들어 튀려고 한 재(고개) 였다는 것이다. 국어사전은 '튀다'는 "'달아나다'를 속되게 이르는 말"로 정의한다. 여기에 근거해서 풀어보면 소티재는 '소(가) (너무 힘들어) 튀는 재'라는 아주 흥미로운 의미가 된다. 이 설은 선조들이 소티재를 넘을 때의 고달픔을 잠시나마 잊기 위해 이렇게 말했던 것은 아닐까 생각해 본다.

포항 출신 학도병이 산화한 전투

소티재와 관련해서 반드시 기억해야 할 역사적 사실이 있다. 앞서 언급한 것처럼 소티재는 흥해에서 포항시내로 들어오는 길목이다. 1950년 6·25전쟁 때 북한군이 포항으로 진격해 올 때 넘어온 고개 또한 소티재였다.

당시 소티재를 지킨 아군은 국군 제3사단 제25연대 소속 제3대대 제9중대 병력이었다. 제9중대장 문일수 중위는 소티재에서 7번 도로를 감시하는데 가장 유리한 105고지(현 포항해양경찰서가 자리한 야산으로 추정, 이하 소티재 고지)에 방어진지를 편성하고 대대 관측소도 제9중대 방어진지 안에 설치하였다. 제25연대는 병력이 부족하여 급히 편성된 부대로, 제9중대도 마찬가지로 총원 180여 명 가운데 전투 경험이 있는 고참 병사는 극소수였고, 장교는 중대장을 포함한 3명뿐이었다. 나머지는 모두 학도병(포항 출신 학도병이 다수 포함되었을 것으로 추정)이었다.

학도병들은 6·25전쟁이 발발하자 7월 초순 무렵 포항에 재학 중이던 현재 기준 포항고 출신 300여 명, 동지고 출신 300여 명 그리고 해양과학고 출신 200여 명 등 약 600~700여 명이 학도병으로 자원입대하였다. 포항 출신 학도병들은 7월 중순 대구로 이동하여 훈련을 받으며 부대로 편성되었다. 그들 대부분이 긴급하게 신규 편성하고 있던 제25연대에 소속되어 대대별로 편제되는 즉시 훈련도 제대로 받지 못하고 포항으로 이동하여 전투에 투입된 것이다.

북한군 1개 중대 병력이 소티재 고지 북쪽 기슭에 나타난 것은 1950년 8월 11일 00:00경이었다. 그들은 첨병 중대인 듯 보였으나 별다른 경계 조치도 하지 않은 채 도로로 접근하고 있어 국군 제9중대는 기습적인 사격을 하였으나, 북한군은 잠시 흩어졌다가 다시 전열을 가다듬고 공격해 옴에 따라 이때부터 약 2시간에 걸쳐 치열한 교전을 하였다. 이 전투에서 제9중대 병력은 절반가량이 피해를 입었다. 제9중대장은 곧 대대 관측소 부근에 대기시켜 두었던 중대 예비인 제3소대를 일선에 배치하고 방어진지를 재조정하였다. 이러는 사이 북한군 주력이 제9중대 방어진지 전방에 출현하였다. 그들은 이미 첨병 중대에게 상황 보고를 받은 듯 곧장 소티재 고지를 향해 사격하면서 다가오기 시작하였다. 이때부터 처절한 근접전이 전개되다가 끝내는 진지 내에서 백병전이 전개되었다. 소티재 고지를 공격하던 북한군은 국군 방어병력이 소수라는 것을 확인한 듯 진지 내에서 한 차례 육박전을 벌인 직후에는, 이 고지에서 물러나 포항 시내 쪽으로 남하하기 시작하였다.

북한군이 물러난 후 정신을 가다듬은 제9중대장이 잔여 병력을 파악한 결과, 제1소대장 유동준 소위를 비롯한 각 소대장 전원과 대다수 중대원이 전사 또는 실종되어 방어진지에 남아있는 장병은 중대장을 포함한 15명뿐이었고 대대장과 대대 지휘부 요원을 합쳐도 불과 20여 명에 불과하였다. 중대 소속의 학도병들은 전원 전사하였다. 너무 처참한 상황에 충격을 받은 제3대대장 이하 생존자들이 넋이 나간 채 두리번거리고 있을 무렵, 포항 시내 방향에서 총소리가 울렸다. 포항여중에서 첫 전투가 벌어진 것이다.[1]

같은 날 04:00경 포항여중에서 일어난 전투는, 영화 '포화 속으로'(2010년 作)에서도 소개된 바 있어서 많이 알려진 전투이다. 이에 반해 소티재 전투는 상대적으로 덜 알려진 면이 있다.

하지만, 포항여중 전투에 앞서 2시간 남짓 생사를 갈라놓은 치열한 교전으로 인한 총소리는 포항여중까지 들려 학도병 71명이 경계태세를 갖출 귀중한 시간을 벌어준 전투가 소티재 전투이다. 또한 포항 출신 학도병들이 다수 전사한 전투여서 우리 지역 6·25전쟁사에서 그 의미가 매우 크다. 소티재 오르는 길에 그날의 전투를 기억하는 비석 하나 없는 것은 지나치다.

---

1   김정호, 김진홍, 이상준, 이재원, 『포항6·25』, 도서출판 나루, 2020, 168-171쪽

마장지

창포동에서 마장골을 따라 계속 올라가면 마장지가 나온다. 예로부터 말을 길렀던 곳이라 하여 '마장지'라고 했고, 마장지를 둘러싼 여러 작은 마을을 통틀어서 어양동(魚養洞)이라고 한 것에서 '어양지(魚養池)'[2]라고도 하며, 지금은 또 동네 이름을 따서 창포지(昌浦池)라고도 한다.

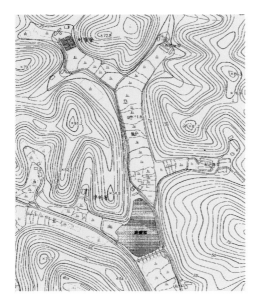

1996년 어양지

---

2 현재까지 필자가 조사한 바로는 어양지(魚養池) 명칭은 1910년 무렵 조선총독부에서 간행한 『조선지지자료(朝鮮地誌資料)』의 〈지명(池名)〉에 처음으로 보인다.

마장지는 인근 산에서 흘러나온 물이 여러 골짜기를 거쳐 형성된 못이다. 마장지는 큰 못은 아니지만, 주위의 산들과 잘 어울려 멋진 경치를 자랑하는 곳이다. 못 안에는 오리들이 한가로이 노닐고, 못 가에는 사시사철로 많은 꽃이 피어난다. 특히 포항에서 가장 오래된 벚나무가 있을 만큼 벚꽃으로도 유명하다.

마장지 옆의 옹벽에 걸린 안내 팻말을 보면 "조선시대 말을 방목해 기르는 곳을 '마장(馬場)'이라고 했다……이곳 마장지(창개지)라는 명칭도 조선시대 말을 기르던 마장에서 유래했다고 한다."라고 했다. 글은 마장지가 말을 기르던 '마장'에서 유래했다는 것만 말하고, 언제 어떤 연유로 이곳에서 말을 사육했는지는 기록이 없다.

마장지 관련 기록은 『경상도속찬지리지』(1469) 〈제언(堤堰)〉에서 처음으로 보인다.

> [흥해]군 동쪽 우동 우현제는 15결 5부를 관개하고……마장리 남술제는 20결 60부를 관개한다.
>
> 郡東牛洞牛峴堤灌漑十五結五負……馬場里南述堤灌漑二十結六十負.

이곳의 '마장리(馬場里)'는 마장지 일대의 마을이 아니라 흥해군 동상면의 성곡리(城谷里)를 구성했던 자연부락을 말하는 것으로 보인다. '마장'이라는 이름이 붙은 것은 성곡리 일대에서 말 사육이 이루어졌기 때문이다. 성곡리에는 지금도 말 사육과 관련된 여러 가지 지명들이 남아 있다. 성곡1리의 말맛은 한자어로 마장(馬場) 혹은 마평(馬坪)이라고 한다. 이곳에서는 말 사육 업무가 조선 효종 6년(1655) 대동배리(大冬背里)

의 장기목장성으로 옮겨가기 전까지 토성을 쌓고 말을 사육했다는 기록이 있다. 또 흥해군 권무정(權武亭) 소속의 궁사들이 이곳에서 말 타는 연습을 했다고도 전한다. 이뿐만 아니라 성곡1리의 소포리(沼蒲里)는 말 먹이 풀이 많이 자라는 연못인 소포(沼蒲)가 있었다고 한 것에서 유래했고, 말들이 많이 뛰놀던 숲이라 전하는 서리미[設林] 숲도 이곳에 있다. 이처럼 성곡리 일대는 적어도 효종 6년 전까지 말 사육이 아주 번성했던 곳이라고 할 수 있다.

이런 점으로 성곡리 남쪽 인접한 마장지 일대에 정착한 사람들은 마장지라는 못 이름을 지을 때 어떤 형식으로든 그 영향을 받았을 것으로 보인다. 여기에는 두 가지 가능성이 있다.

첫째, 성곡리에서 말을 대규모로 사육한 영향으로 산 하나를 사이에 두고 마장지 일대에 정착한 주민들이 그 영향으로 못 이름을 마장지라고 했을 가능성이다. 마장지 그 자체는 골짜기에 있어 말을 사육하기 위한 너른 땅이나 목초지가 없어 말을 사육할 최적의 장소는 아니었다. 대신 성곡리와 마장지는 모두 흥해군 동상면에 속해 있었고, 지리적으로 아주 가까워 마장지에 정착한 사람들이 인근 성곡리에서 말을 사육하는 것을 알고 못 이름을 마장지라고 했을 것이다.

둘째, 실제로 성곡리에서 사육하던 말의 일부를 마장지 일대에 정착한 사람들이 받아 기르면서 못 이름을 마장지라고 했을 가능성이다. 지리적으로 성곡리와 마장지는 산 하나를 사이에 두고 있어 왕래하기 수월했다. 이런 점으로 마장지에 정착한 주민들이 인근 성곡리에서 사육되던 말을 일부 들여와 물이 풍부한 이곳에서 사육했을 것이다. 그러나 마장골의 지리적 환경 때문에 소수의 말을 들여와 사육했을 것으로 보인다. 1757년~1765년에 나온 『여지도서(輿地圖書)』의 영일현 각 군현의 〈목장〉에서 "사복시(司僕寺)에서 나누어 주어 기르게 하는 분양마(分養馬) 1마리를 매년 6월에 사복시에서 받아 와서, 이듬해 3월에 사복시로 올려보낸다"라고 한 것이 바로 이런 상황을 말한 것으로 보인다.

　마장지 옹벽의 소개 글에 "조선시대 말을 기르던 마장에서 유래했다"라고 한 것은 바로 이러한 상황이 내포되어 있다. 성곡리와 마장지 일대의 말 사육은 장기현의 대동배리로 이관되면서 끝이 났지만 '마장'이란 이름은 계속 전해지게 된 것이다. 『경상도속찬지리지』의 '마장리' 기록은 마장지의 유래를 밝힐 수 있는 유일한 기록이고, 이후 조선시대에 간행된 지리지와 읍지에는 '마장리'나 '마장지' 관련 기록이 보이지 않기 때문에 더욱 귀중하다.

마장지

기억

우창동의 문화유산
추억 속의 우창동

7번 국도를 오가며 포항을 드나들었던 많은 포항 시민들은 우현동의 연탄공장을 기억한다. 마치 경주에서 포항을 들어올 때 형산강 따라 포항제철이 보이면 포항에 다 온 것처럼 느꼈듯이, 북쪽에서 포항으로 들어올 때는 연탄공장을 보면 포항에 도착하였다는 생각이 들 정도였다.

우창동의 문화유산

우현동에서 나온 1,500만년 전 참가자미 화석

지질학자 남기수 선생이 2016년에 발표한 논문에는 우현동 우창동로 97 일대의 택지개발지구에서 발견된 1,500만 년 전의 참가자미 치어 화석이 소개되어 있다.[1]

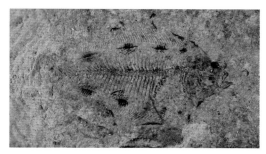

2015년 우창동로 97 일대에서 발굴된 약 1,500만 년 전의 참가자미 치어 화석. 길이는 21.5mm(위), 19mm(아래)이다. 등뼈와 머리뼈 그리고 몸의 반점이 선명하게 보인다.

---

1 '포항시 우현동 두호층에서 산출된 Pleuronichthys sp.화석', 『한국지구과학회지』 37권 3호, 2016

발견된 화석은 참가자미 치어로 전신 화석이다. 전체 길이는 2cm가량으로 보존상태가 뛰어나다. 육안으로 참가자미 치어의 긴 등뼈와 머리뼈 그리고 반점 등을 선명하게 볼 수 있다.

연구자 남기수 선생은 "이 화석은 약 1,500만 년 전 바다였던 포항 우창동 지역에 살았던 바다 생물이 화석화된 것으로 학술 가치가 매우 높다."라고 했다. 남 선생은 또 "참가자미 치어 화석은 우리나라에서는 포항에서만 발견되고, 주로 성체로만 발견되는 것과 달리 이번처럼 치어로 발견되는 사례는 극히 드문데, 치어이기에 신생대의 가자미가 성장하면서 생기는 변화를 추정할 수 있는 정보를 제공해줄 수 있다."라고 설명했다.

아쉽게도 지금은 택지개발로 이러한 화석을 더 이상 찾을 수 없게 되었다. 문화재로 보존하거나 연구와 홍보를 할 수 있음에도 개발이라는 명목하에 사라진 것이 아쉽게 느껴진다. 이 화석은 지금 대전과학고등학교 표본실에 보관되어있다.

창포동에서 발굴된 삼국시대 토기 조각

창포동(昌浦洞)의 '창포'는 문헌상으로 영조 13년인 1789년에 간행된 『호구총수(戶口總數)』의 '창포리(蒼浦里)'에서 시작된다. 1800년대에는 '창포진(蒼浦津)'으로 나오고, 1914년 일제의 행정구역개편 때 지금의 창포동으로 바뀌었다. 2000년 이후 창포동에서는 택지조성과 도로 개설을 위한 몇 차례의 문화재 지표조사에서 삼국시대의 토기 조각이 출토되었다. 우창동에서 나온 신라 시대 유물이라는 점과 『호구총수』가 나온 1789년 이전 창포동의 역사를 엿볼 수 있다는 점에서 의미 있다.

첫 번째 지표조사는 2006년 ㈜우리도시컨시스에서 성림문화재연구원에 의뢰하여 창포동 279-1번지 일대(창포 메트로시티 아파트 서편의 우창로)에서 이루어졌다. 조사는 직접 현장을 걸으면서 조사지역 일대의 능선과 능선 사면, 완만한 구릉 일대, 계곡과 경작지 등을 육안으로 유물포함층과 유물 등을 살펴보는 것으로 진행되었다. 조사에서 삼국시대의 것으로 추정되는 굽다리 접시의 받침과 토기 조각이 소량 발견되었다.

2006년 창포동 279-1번지 일원 신일 해피트리 신축공사 부지 문화재 지표조사에서 채집된 토기 조각 (출처: (재)성림문화재연구원, 『포항 창포동 신일 해피트리 신축공사부지 문화재 지표조사 결과 보고서』(2006년))

두 번째 지표조사는 2014년 삼도주택과 한림건설이 창포동 464번지 일원에 아파트단지 조성 계획을 수립한 후 사업 시행 전인 2006년 삼국시대 유물이 나온 지점에 유적과 유물의 존재 여부를 확인하기 위해 동국대학교 경주캠퍼스 박물관에 의뢰하면서 진행되었다. 육안으로 관찰했던 앞의 조사와 달리, 이번 조사는 28개의 구덩이를 파서 시대별 단층을 확인하였다. 이 과정에서 삼국~통일신라 시대의 것으로 추정되는 유물포함층에서 토기 조각이 발견되었다.

2014년 창포동 464번지 일원 메트로시티 아파트 건립부지 내 문화재 발굴 조시에서 유물포함층 내 삼국-통일신라 시대 토기 조각. (출처: 동국대학교 경주캠퍼스 박물관, 『포항 북구 창포동 464번지 일원 메트로시티 아파트 건립부지 내 문화재 발굴(시굴)조사 약보고서』(2014년))

세 번째 지표조사는 2019년 포항시가 창포동–흥해 성곡리를 잇는 도로공사부지 내 유적 문화재의 조사를 동국문화재연구원에 의뢰하면서 진행되었다. 당시 창포동 준양그린빌아파트에서 마장지로 가는 오른편 길가를 중심으로 시굴조사가 이루어졌으나 이렇다 할 유적이나 유물은 발견되지 않았다.

유물의 소재에 대해 포항시청의 김진규 포항학연구팀장은 "지금 포항에 있지 않고 경주박물관에 소장되어 있으며, 보존 문제로 직접 볼 수는 없다."고 했다. 토기 조각의 출토는 아주 먼 옛날부터 창포동에 사람이 살기 시작했음을 보여주는 것으로, '창포'라는 명칭이 처음 등장하는 『호구총수』와 더불어 창포동 역사에서 기억해야 할 유산으로 보인다.

추억 속의 우창동

연탄공장

우현사거리는 포항시 북구 교통의 중심지이다. 남구와 북구를 잇는 새천년대로와 흥해와 포항 구 도심을 잇는 7번 국도가 교차해서 늘 많은 차량의 이동이 있는 곳이다. 하지만 70~80년대 모습은 사뭇 달랐다. 새천년대로는 아예 없었으니 사거리도 아닌 데다가 좁은 7번 국도 변 주변으로는 산과 논들이 펼쳐져 있을 뿐이었다. 그 당시에는 포항의 외곽지대였다. 연탄공장이 들어선 것도 그러한 이유였다.

1972년 당시 시 외곽지역인 우현동 동해안 고속화 진입도로 옆 부지 3만3천㎡에 포항 시내 삼신, 대영, 포항 등 3개 연탄 공장이 옮겨왔다.[2] 그 이전까지는 용흥1동에 있었으니, 더 외곽으로 이전한 셈이다. 7번 국도를 오가며 포항을 드나들었던 많은 포항 시민들은 우현동의 연탄 공장을 기억한다. 마치 경주에서 포항을 들어올 때 형산강 따라 포항제 철이 보이면 포항에 다 온 것처럼 느꼈듯이, 북쪽에서 포항으로 들어올 때는 연탄공장을 보면 포항에 도착하였다는 생각이 들 정도였다.

하지만 1980년대 도시팽창과 함께 주변에 중·고등학교와 주택이 밀 집되면서 연탄분진으로 인한 주민들의 집단민원이 자주 발생해서 흥해 성곡동으로 이전하려다가 주민들의 반대에 부딪치는 등 진통을 거듭하

---

2   '주민반발 포항시 연탄공장 이전차질', 〈연합뉴스〉, 1990. 5. 22.

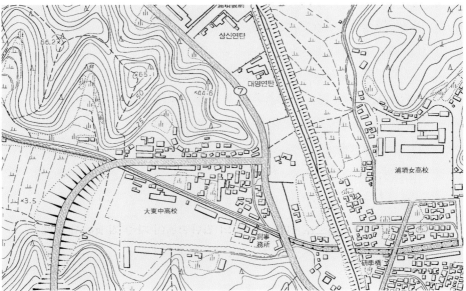

1980년 우현동. 7번 국도와 철도 사이에 삼신연탄, 대영연탄 공장을 확인할 수 있다.

우현 7번 국도변에는 연탄공장이 들어서 있었고, 당시 7번 국도는 가장 넓은 도로 중 하나였다. 비포장 도로에 양버들 가로수가 정겹다.

다가 1994년 창포동으로 이전한 이후 현재는 역사 속으로 사라졌다.[3]

동해중부선의 흔적 (작은굴, 큰굴)

KTX가 포항에 들어오면서 흥해에 포항역이 새로이 지어졌다. 그리고 2018년 1월, 포항에서 영덕까지 철도가 개통되었다. 동해선이다. 하지만 역사에 동해선이 등장하는 것은 100년 전으로 거슬러 올라간다.

일제는 '조선철도 12년 계획(1927~1938)'이라는 책을 1927년에 발행

3   '포항 3개 연탄공장 시외곽지 이전확정', 〈연합뉴스〉, 1993.4.16.

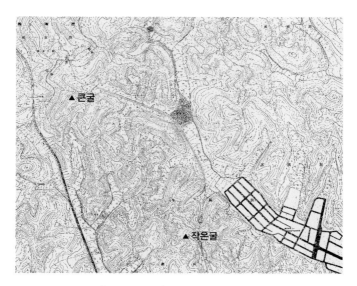

1983년 지도. 어양지(魚養池, 마장지)를 기준으로 북쪽으로는 큰굴, 남쪽으로는 득실골굴(작은굴)이 보인다.

한다. 12년 계획에는 국유철도 5개 노선을 신설하는 내용이 있는데 그 중에 동해선이 포함되어 있다. 동해안을 따라 원산과 부산을 연결하여 석탄과 광물, 목재, 해산물을 반출시키는 목적으로 원산과 부산 양쪽에서 건설이 시작되었다. 부산과 원산을 이으려던 철도 계획은 일본의 패전으로 개통은 못하였다. 하지만 1942년 포항 북쪽으로 23km 떨어진 송라면까지 노반을 깔았다. 다리의 교각들과 콘크리트 터널들이 아직도 남아, 일제강점기 때 동해중부선의 흔적이 고스란히 남아 있다.

7번 국도와 더불어 동해중부선 또한 우창동을 지난다. 그만큼 교통의 길목이라는 뜻이다. 구 포항역을 기차의 종점으로 기억하겠지만 포항역 지나 북쪽으로도 철도가 놓여있었다. 수도산 밑으로 지나던 철도는 나루끝에서 갈라졌다. 포항중학교 앞을 지나 롯데백화점 방향으로 놓여진 철도는 구 일제강점기 때의 역인 학산역으로 이어지는 철도였다. 나루끝에서 우창동 방향으로는 주변보다 높은 노반만 만들어져있었을 뿐 철로가 처음부터 놓여지진 않았다. 이후 우창동에 미군유류저장고가 만들어지면서 나루끝에서 연결되는 철로가 옛 노반을 이용해서 만들어졌다가 다시 이후에 철로는 걷어지고 철길숲으로 조성되었다. 동해중부선 건설 당시 우창동에 남겨진 흔적들로는 두 개의 터널이 있다. 비록 터널까지 철로가 놓여지진 않았지만 잘 닦인 노반에는 사람들이 왕래하며 '큰굴'과 '작은굴'이라 불렀다.

작은굴. 사람은 물론 소형 차량도 통행하였지만 붕괴의 위험으로 2010년 3월 30일부로 폐쇄되었다.

포항역을 지나 북쪽으로 첫 번째 만나는 '작은굴'은 1940년 우현동 산27-2번지에 건립되었다. 길이 143m, 폭 4.5m의 터널은 말발굽 모양이며 광복 후에도 사람은 물론 소형 차량도 통행하였다. 하지만 2010년 철도청에서 안전점검 후 붕괴의 위험으로 2010년 3월 30일부로 폐쇄하였다. 이후 2017년 우현동과 창포동을 잇는 우창로를 건설하면서 매립되어 지금은 그 자취를 찾아볼 수 없게 되었다.

'작은굴'을 지나서도 동해중부선의 옛 노반은 계속해서 북쪽으로 이어진다. 지금의 도로명주소로는 우창로125번길로 되어있어서 찾기가 쉽다. 무심코 걷는 산책길로만 보이지만 눈여겨 보면 철도의 노반임을 알 수 있다. 마장지에 다다르면 길 왼쪽 편으로 길이 50m 정도의 콘크리트 옹벽을 확인할 수 있는데, 이 또한 동해중부선의 흔적이다. 옹벽

마장지 한쪽에 길이 50m 정도의 콘크리트 옹벽을 확인할 수 있는데, 동해중부선의 흔적이다.

은 말 그대로 산사태를 예방하기 위해 설치한 구조물이다. 특히나 일제 강점기 때 설치되어 80년의 세월이 쌓인 그 자체만으로도 예술품인데, 그 옹벽에 갖가지 안내판이라든지 조형물을 설치한 것이 이해가 되지 않는다. 그리고 안전을 위해 설치한 옹벽에다가 앵커(anchor)를 박는 게 문제가 없을지 걱정도 된다. 이곳을 지나노라면 늘 불편한 마음이 드는 이유이다.

마장지를 지나 옛 노반을 따라 끝까지 걸어가면 '큰굴'이 나와야 하는데, 입구를 찾기가 쉽지 않다. 집들이 몇 채 들어서면서 '큰굴' 입구를 확인하기 어렵게 되었다. 몇 번의 답사 시도 끝에 겨우 입구를 확인하였다.

'큰굴'은 '작은굴'과 달리 입구 주변에 콘크리트 옹벽이 잘 보존되어

큰굴 내부. 터널의 총 길이는 500m 정도라고 한다.

있다. 터널 입구는 폐쇄되어 있었지만 한쪽 틈으로 안으로 들어갈 수는 있었다. 말발굽 모양의 터널 내부는 반대편 끝이 보이지 않을 만큼 길어 보였다. 터널 내부 콘크리트 벽은, 얼핏 보기에 보존상태가 좋아보였고 바닥은 흙으로 되어있으며 군데군데 물웅덩이가 있었다. 터널을 활용하려고 했는지 입구에서 얼마 걸어 들어가지 않아서 블록벽돌로 칸막이를 설치한 흔적도 보였다. 터널의 총 길이는 500m 정도라고 한다. '큰굴'은 완전히 개통하지는 못하고 일부 구간만 건설하다가 철도 개설이 중단되었다. 이후 안전사고 예방 목적으로 폐쇄하여 오늘에 이르고 있다. '큰굴'의 반대쪽 출구는 산을 넘어가면 확인할 수가 있다. 우창동쪽 입구에서 나와 옆길로 난 산길을 오르면 흥해 성곡리로 넘어가게 된다. 고개를 넘으면 만덕사라는 절이 있어 길 찾기는 어렵지 않다. 절을 지나 얼마 내려가지 않으면 왼쪽 아래로 '큰굴'의 반대쪽 입구가 나타난다. 하지만 풀이 무성하고 물웅덩이가 넓고 길게 고여 있어 내려가서 확인할 수는 없다. 다만 입구 양쪽으로 100m 정도 설치되어 있는 옹벽을 확인할 수 있어 오랜 세월의 흔적을 느끼게 한다.

포항에서 영덕으로 이어지는 철도는 삼척으로도 이어질 것이다. 동해중부선이 다시 역사에 등장하게 된 셈이다. 1936년 조선총독부에서 발행한 포항지도에도 확인되는, 아픈 역사의 '동해중부선'과는 완전히 다른, 포항 재도약의 기대를 담은 '동해중부선'으로 부활되었다.

포항에서 유라시아철도가 연결되는 꿈은, 1300여년 전 신라에서 발해로 가던 북해통(北海通)[4]과 맥을 같이 한다.

---

4   남북국시대 경주에서 포항–삼척–강릉을 지나 발해로 가던 교통로

변화

학교 / 아파트 / 공공기관
우현·창포, 철길숲으로 잇자

인구가 늘고 도시가 확장되면서 골짜기마다 아파트가
들어서더니 그리 높지 않은 산들은 아예 산을 깎아내고
아파트가 들어서기도 하였다.　　　　　(사진. 최임수)

학 교

대동중·고등학교

우창동의 특징은 학교가 가장 밀집되어 있다는 점이다. 70~80년대 등하교시간 나루끝은 많은 학생들로 북새통을 이루었다. 그때는 시내 버스 통학이 일반적이어서 검은 교복을 입은 학생들로 버스는 문을 몇 번이나 열었다 닫았다 해야 했다. 지금은 학교마다 통학버스를 운행하고 또 자가용 보급이 많아져서 예전의 모습을 볼 수는 없지만 우창동은 우현사거리에서 소티재로 넘어가는 대로변에 많은 학교들이 세워져 여

1969년 포항대동중학교

전히 학생들이 많은 곳이다.

우창동 소재 많은 학교들 중에 가장 먼저 떠오르는 학교가 대동중·고등학교가 아닐까 한다. 학교 설립 당시는 물론, 신축교사로 새로이 이전한 곳도 우창동이기 때문이다. 우창동 발전과 함께 해왔다고 해도 지나친 말이 아니다.

대동중학교가 먼저 개교를 하였다. 1969년 3월 제1회 입학식을 가졌다. 그리고 4년 뒤, 1973년에 대동고등학교가 개교하였다.

학교가 세워진 위치는 7번 국도 변 아치골 입구였다. 아치골에서 내려오는 개울물이 학교 주변을 감싸고 학산천으로 흘러들었다. 학교를 오가면서 다리를 건넜던 기억들이 선명한 분들이 많으실 테다. 하천과 다리는 당시 포항에서는 흔한 풍경이었다. 지금은 복개되어 중앙로419번길이 되었다. 당시 우현동 대부분 민가는 이 하천과 7번 국도변에 형성되어 있었다. 동네 행정의 중심 우현동사무소 또한 학교 근처 민가들 가까이 있었다.

1980년대 초반 포항중학교를 다니던 필자는 친구들과 야구나 축구 시합을 하러 대동중학교를 찾았던 기억이 있다. 다니던 포항중학교는 야구부가 있어서 운동장 사용을 거의 못했기 때문이다. 포항중학교 앞으로 흐르던 개울물을 지나 기찻길을 조금 걷다 보면 대동중학교에 다다랐다. 혹 누군가 먼저 온 이들이 이미 중학교 운동장을 차지하고 있더라도 학교 뒤에 꽤 넓은 공터가 있어서 이곳으로의 원정은 100퍼센트 확실한 카드였다. 그때는 인적이 드물고 산으로 둘러쌓인 넓은 공터라고만 생각했는데 돌이켜보면 지금의 새천년대로가 들어서게 되는 넓은 부지였다.

도시가 커가면서 대동중학교는 1992년, 대동고등학교는 1993년에 지금의 학교 위치인 우현동 201-6번지로 이전하였다. 그리고 예전 학교 자리에는 대동우방아파트가 들어섰다. 아파트 이름에 붙은 대동이 그런 역사를 말해주고 있다.

유성여자고등학교

우창동에 남자학교로 대동중·고등학교가 있다면 여자학교로는 유성여자고등학교가 있다. 1976년 우현동 205-2번지에 개교를 한 이후 현재까지도 같은 자리에서 우창동과 함께 하고 있다. 초대 교장이 지은 학교 교가에는 '아늑한 덕송골에 유성의 터전'이라는 대목이 나온다. 덕송

1976년 포항유성여고 개교(1975년 증축공사)

골은 소티재로 넘어가는 7번 국도를 따라 펼쳐진 소티골에서 창포동 방향으로 90도 꺾어 형성된 골짜기로 득신골 혹은 덕성골로 불렀다. 학교 앞은 비포장 흙길과 높은 둔턱의 철도, 그리고 미군 유류저장창고만 있을 뿐 주변은 전부 논이었다. 길이 끝나는 지점에 작은굴이 있었고 창포동으로 연결되는 가장 짧은 코스였다. 모든 게 달라진 풍경에 학교만이 그때의 모습을 간직하고 있는 게 고맙게 느껴진다.

포항여자중학교

1939년 설립 인가를 받고 4년제 학교로 개교할 당시 이름은 포항고등여학교였다. 위치는 현재의 포항여고 자리인 학산동이다. 1943년 포

1973년 포항여자중학교 전경. 학교 뒤편으로 제비산골이 보이며 현재 새천년대로가 골짜기 따라 나면서 많은 아파트들이 주변에 생겼다.

항공립중학교(포항고등학교 전신)로 개교한 남자 학교보다 4년 앞섰다. 포항의 고등교육이 여자부터 시작되었다는 점은 놀랍다. 포항고등여학교는 광복후 1946년에 6년제 포항여자중학교로 교명을 변경하였고, 전쟁 중인 1951년 중학교와 고등학교로 분리되었다. 학산동에 있던 포항여자중학교가 우창동 시대를 시작하게 된 것은 1972년 현재의 우현동 56번지로 이전하면서부터이다. 학교에 가려면 포항여고를 지나 좁은 개울길을 따라 걸어 들어가야 했다. 학교 주변은 산으로 둘러싼 골짜기였으며 산 이름은 제비산[燕山], 골짜기 이름은 제비산골[燕山谷]이었다.

학교 옆으로 새천년대로가 생길 때 제비산골 따라 도로가 나게 되어 골짜기는 기억 속에만 남았을 뿐이다. 학교에 들어가는 좁은 개울길은 복개가 되어 현재 차량과 학생들이 위태롭게 오간다. 복개된 도로 이름이 장미길이란다. 글쎄다. 여학교 주변이어서 장미라는 이름을 사용한 지는 모르겠지만 정체성을 살린다면 흔한 장미보다 '제비산길'이 더 좋은 이름이 아닐까 생각해 본다.

1980년대 이후로 우창동에는 많은 학교들이 설립되었다. 1983년에 포항중앙고등학교, 1986년에 포항중앙여자고등학교, 1987년에는 창포동 614번지에 두호초등학교라는 이름으로 학교가 설립되었으며 아치골에 경포여자고등학교가 세워졌다가 이후 학교명을 변경하여 현재 세화고등학교로 이어지고 있다. 1989년에는 포항명도학교, 1992년에 포항영신고등학교, 1994년에는 포항영신중학교와 창포중학교, 1996년에는 창포초등학교가 개교하였으며 2017년에는 포항중앙초등학교 또한 우창동으로 이전해 와서 우창동은 명실공히 교육의 중심지로 자리 잡고 있다.

아파트

학교와 더불어 요즘의 우창동이라 하면 새로 지어진 많은 아파트 단지의 이미지가 떠오른다. 포항도심 북서쪽은 산들이 형성되어 있고 산과 산 사이에 만들어진 골짜기에 사람들이 살고 있었다. 하지만 인구가 늘고 도시가 확장되면서 골짜기마다 아파트가 들어서더니 그리 높지 않은 산들은 아예 산을 깎아내고 아파트가 들어서기도 하였다.

지면을 통해 우창동 아파트를 일일이 소개하는 일은 필요치 않다고 본다. 다만 우창동의 지형을 변화시킨 몇몇 아파트들은 우창동의 이해와 기억을 위해 소개해두고자 한다.

아치골 아파트

앞서 기술하였듯이, 1969년 대동중학교가 아치골 입구에 개교하였다. 학교 옆을 흐르는 학산천 주변으로 민가가 모여있었을 뿐, 대동중학교 지나 아치골로 깊이 들어가면 민가는 거의 없고 논밭만 펼쳐질 뿐이었다. 1990년대에 들어와서 아치골에 많은 변화가 생겼다. 1990년 한신아파트가 준공한 이후 1992년 조양아파트(조양전원타운아파트)와 화성아파트(우현화성타운아파트)가 각각 준공하였다.

1993년 지도에서 확인할 수 있듯이 새천년대로가 산을 가로지르며 남북으로 개통되어 현재의 아치골사거리와 우현사거리가 만들어졌다. 지도에는 대동중학교가 표기되어 있지 않고 빈터로만 되어 있다. 698세대의

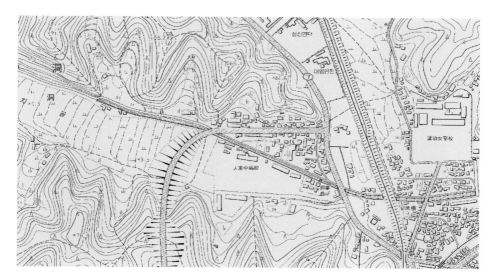

1980년 우현동 지도

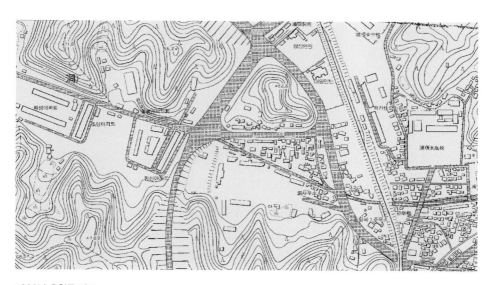

1993년 우현동 지도

한신아파트

대동우방타운아파트가 1994년 아치골 입구 대동중학교 자리에 준공됨
으로써 아치골의 지형은 완전히 달라지게 되었다.

창포주공아파트

포항의 남구와 북구를 이어주는 가장 큰 도로 중 하나인 새천년대로
는 1993년에 준공하였다. 새천년대로 덕분에 우현동과 창포동은 바로
연결되는 길이 열렸다. 그전에는 산으로 가로막혀 학산동과 두호동으로
돌아서 가야만 하였다. '작은굴'이 우현동과 창포동을 바로 연결해준 가
장 짧은 길이였다는 것도 두 동네가 산으로 가로막혀있었기 때문이다.
새천년대로는 우창동과 두호동의 경계가 되기도 하고 기존의 두호로와
교차하면서 창포사거리가 만들어졌다. 새로 난 길은 새로운 택지도 만

들었다. 산을 가로질러 난 도로 옆에 산을 깎아 조성된 아파트 단지가 조성되었다. 1994년 1,696세대의 창포주공1단지아파트가 준공되었고 1995년에 1,308세대의 창포주공2단지아파트가 연이어 준공되었다. 마장골 따라 형성된 민가가 대부분을 차지했던 창포동 지도가 달라졌다.

마장골 창포동에는 1989년 준공된 두호주공3차아파트가 터주대감이라 할만하다. 5층 아파트 주변으로 아파트 키만큼 자란 나무들에서 세월의 흔적을 느낄 수 있다. 창포동에 있으면서 '두호주공'이라는 이름이 붙어 있어 헷갈리는 경우가 많지만 이곳 또한 창포동이다. 인근 두호초등학교도 창포동에 위치해 있고 두호종합시장 또한 창포동에 있다. 창포사거리 근처 두호동에 두호주공아파트 1차와 2차도 있었지만 지금은 리모델링해서 사라지고 오히려 창포동에 3차만 남아 있다.

1993년 창포-장성동 도로 공사. 도로 변에 창포주공아파트가 건설 중이다.

신동아아파트

　소티골 우현동은 신동아아파트를 들 수 있겠다. 교통량이 가장 많은 우현사거리에서 가장 잘 보이기도 하거니와 2000년에 준공한 1차 504세대부터 이후 4차까지 지어졌으니 세대 수 규모 또한 크기 때문이다. 소티재로 넘어가는 소티골과 소티골에서 유성여고로 가는 득신골(덕송골, 덕성골) 일대는 논으로만 덮여 있었는데 지금은 넓은 도로와 아파트 단지로 모습이 완전히 바뀌어있다. 그 중심에 신동아아파트가 있다.

우현우방아이유쉘센트럴아파트

　상전벽해(桑田碧海)라는 말이 있다. 뽕나무밭이 푸른 바다가 되었다는 뜻으로 세상이 몰라볼 만큼 바뀐 것을 말한다. 우창동에 아파트가 들어선 모습 또한 같은 말로 비유할 수 있겠다.

　아치골과 소티골을 구별 짓던 산이, 새천년대로가 나면서 산 고개 하

삼각산 전후 (사진. 안성용)

나가 잘리었다. 사람들은 삼각산이라 불렀다. 졸지에 산은 사방 도로에 갇힌 외로운 섬이 되었다. 그 상태로 20년도 더 지난 어느 날. 산 하나가 없어졌다. 수백 년… 어쩌면 그 이상의 시간을 포항 북쪽 길목을 지켜온 산자락 끝, 7번 국도 변에서 포항 사람이라면 한번 쯤은 보았을 산 하나가 사라지는 건 오래 걸리지 않았다. 눈에 띄는 길목이었던 만큼 산이 사라진 모습 또한 크게 다가왔다. 산이 사라진 자리에는 새로운 아파트가 세워졌다. 새로 지어지는 아파트는 이름이 길고 외우기 어렵다. 이유가 있다고도 하지만 그저 웃어넘길 뿐이다. 소티재 넘어 우창동으로 들어오는 첫 인상이 확 달라졌다. 상전벽해다.

공공기관

포항문화원

포항문화원은 2001년 12월 24일에 덕수동 시대를 마감하고, 포항시 북구 우현동 543-1번지로 원사를 신축·이전 하였다. 덕수동 원사는 지은 지 오래됐을 뿐만 아니라 건물이 낡고 협소하여 시민을 위한 다양한 문화 프로그램을 마련하기엔 역부족이라는 지적이 있었다. 이에 따라 포항문화원은 포항시의 협조 아래 우현동 543-1번지에 신축 부지를 확보하고, 2000년 1월 새 원사를 착공하였다. 1년 7개월간의 공사를 거친 신축 원사는 2001년 12월 24일, 준공식을 갖고 정식 업무에 들어갔다.

신축 포항문화원은 연 건평 582평 규모의 지하 1층, 지상 3층의 철근 콘크리트 건물로 1층에는 독서실과 열람실, 2층에는 사무실과 강의실, 3층에는 첨단 음향·영상 장비를 갖춘 강당 등을 마련함으로써 시민과 함께 하는 문화원으로 거듭나게 되었다. 이로써 포항문화원은 덕수동 55-3번지에 1965년 3월 23일 사단법인으로 출범한 지 36년 9개월 만에 덕수동 시대를 마감하고 도약의 우현동 시대를 열게 되었다.

옛 덕수동 청사는 포항지진 피해로 인해 철거되고 도심환승센터로 변모했다.[1]

---

1   『포항 근·현대 문화사』 포항문화원, 2020, 125쪽

포항문화원 이전 개관식(2001)

포항시여성문화관

포항시여성문화관의 전신은, 1974년 죽도동에서 시작한 포항여성회관이다. 시 예산과 지역의 기업 등에서 후원이 있었지만 민간차원에서 자생적으로 만들어졌다는 점이 놀랍다. 포항여성회관은 운영 예산의 문제로 1989년 시 사업소 직제인 포항시여성복지회관으로 전환되었고 매년 1,800명씩 수강생을 배출하는 규모로 성장하여 더 넓은 공간과 현대식 시설을 갖춘 여성회관의 신축에 대한 필요성이 생겼다. 그에 따라 1998년 우창동에서 새 회관의 기공식을 갖고 2001년 입주하게 되었다. 개관 당시 이름은 '포항시여성문화회관'이였으며 이후 포항시 평생학습원 여성문화관으로 변경되어 오늘에 이르고 있다.

현재 포항시여성문화관은 수영장을 겸한 지하 2층 지상 3층으로, 지역 여성들을 대상으로 한 다양한 교양강좌를 운영하며 시니어 대상 강좌와 남성 교양강좌도 함께 운영하고 있다.[2]

---

2 『원로에게 듣는 포항근현대사1』 최미경 외, 2021, 연오랑, 76-82쪽

2001년 개관 당시 이름은 '포항시여성문화회관'이였으며 이후 포항시 평생학습원 여성문화관으로 변경되어 오늘에 이르고 있다.

우창동행정복지센터

마을 단위 행정의 중심은 동사무소이다. 동사무소 위치를 알아보는 것은 당시 동네 지역의 중심이 어디에 있었는지 판단해볼 수 있는 잣대가 되기도 한다. 동사무소 건물 형태의 변화되는 모습 자체에서 하나의 흐름을 읽을 수도 있어서 동네와 관련된 내력을 알기에는 그만이다.

우창동사무소는 중앙로419번길3에 위치하고 있었으며 2003년에 지금의 우창동로24로 옮겼고 예전 동사무소자리는 현재 우현경로당으로 사용되고 있다. 동사무소라는 이름도 2007년 동주민센터로 사용되다가 2016년 이후 부터는 행정복지센터라는 용어로 바뀌어 사용되고 있다.

1972년 우창동사무소

1994 우창동사무소

2022 우창동행정복지센터

우현·창포, 철길숲으로 잇자

도시가 발전하면 산업구조에 변화가 일어난다. 그러다 보면 한때 산업 발전을 이끌었던 시설들이, 도시가 발전하고 산업구조가 바뀌면서는 오히려 역사의 뒤안길로 가면서 쓸모가 없어지게 되는 경우가 왕왕 있다. 심지어 도시의 어둡고 가기 꺼려지는 곳이 되고 만다. 뉴욕 맨해튼의 남서부, 고가로 만들어진 화물철도가 그랬다. 화물철도라는 것이, 산업이 발전할 때는 당연 상징물같은 존재였겠지만 금융이 발전하고 첨단산업이 발전한 뉴욕에서는 오히려 골칫덩이가 된 것이다. 하지만 이곳이 달라졌다. 뿐만 아니라 뉴욕을 찾는 사람이라면 누구나 찾아가고픈 명소가 되었다. 고가 철도를 그대로 살리면서 나무를 심고 조형물을 설치하고 멋진 조명을 곁들이면서 너무나 아름다운 곳으로 탈바꿈하였다. 어떤 구간은 대리석 같은 석재를 바닥으로 깔고, 어떤 구간은 감촉 좋은 나무를 깔고, 또 어떤 구간은 철재로 바닥을 처리해서 걷는 발걸음에서 느껴지는 촉감도 지루하지 않게 배려하였다. 그리고 원래 고가 철도였기 때문에 고가로 걸으면서 바라보는 맨해튼의 마천루와 항구 풍경도 기존의 도로를 걸을 때와는 사뭇 다르게 보이게 되었다. 군데군데 설치된 뛰어난 디자인의 의자들도 한 번쯤은 앉아 보고 싶은 마음이 들 정도이다. 고가 철도 주변으로 예술성 있는 건물들이 지어지면서 완전히 다른 모습으로 바뀐 곳, 도심 재생에 관심 있는 사람이라면 누구나 들어봤을 이곳 이름이 '하이라인(High Line)'이다.

포항도 사정이 비슷하였다. 일제강점기 때 포항도심에 만들어진 철도는 그 기능을 다하자 도시 발전에 장애가 되었다. 이는 곧 기회이기도 하였다. 철길에 나무를 심고, 산책하기 좋게 흙을 새로 깔고 벤치를 설치하였다. 자전거가 다닐 수 있는 도로도 따로이 만들었다. 폐철도가 철길숲으로 바뀌게 되었다. 이미 개장한 철길숲은 9km가 넘는다.

우현동 철길숲 구간은 약 1km이다. 학산주공아파트 101동과 102동 사이에 난 길에서부터 시작하여 철길숲이 우창로와 만나는 지점에서 끝이 난다. 우현동 미군 유류저장창고가 있던 곳이며, 한때 민가가 드물고 연탄공장까지 있었던 우현동 철도 주변은 더욱 어둡고 가기가 꺼려지는 곳이었다. 이 구간은 2009년에 공사를 시작하여 2011년에 완성되었다. 2015년 포항역 청사가 옮겨가기 전부터 폐철도 구간을 숲길로 조성한 곳으로, 전체 철길숲 중에서는 제일 먼저 조성된 구간이기도 하다. 그래서인지 오래된 나무들이 많아 그윽한 숲으로의 풍모를 제법 갖

우현동 철길숲 양옆으로 낙우송이 줄지어 서 있다.

쳤다. 특히 수백 년 수령의 나무들이 눈에 띄어 발걸음을 멈추게 한다. 기차가 다녔을 길에 오래된 나무가 있을 리가 없는데 느티나무, 팽나무 노거수를 볼 수 있어 신기하기도 하다. 철길숲 조성 당시 기계면에서 하천정비사업이 있어서 하천 주변의 노거수를 옮겨심은 거라 한다. 기계면에서 이사를 와 우창동의 가장 어르신 나무가 된 것이다. 포항시 남구의 철길숲들이 아기자기하고 인공적인 구조물이 많다면 우현동 철길숲은 넓고 탁 트인 점이 자랑이라 하겠다. 일직선의 자전거도로로 양쪽으로 큰 키의 나무들이 줄지어 있는 풍경 또한 일품이다. 흔히 메타세쿼이아(Metasequoia)로 알고 있지만 낙우송(Taxodium)이라는 나무이다.

두 나무는 매우 흡사하다. 침엽수이지만 가을이면 갈색으로 물들었다가 잎이 떨어진다. 그래서 낙우송(落羽松)이라는 이름이 붙어서 둘 다 낙우송과(Taxodiaceae)이다. 메타세쿼이아는 중국에서 도입된 나무이며, 낙우송은 미국 남동부가 고향이다. 이름만 듣고서는 메타세쿼이아가 미국에서, 낙우송이 중국에서 왔을 것 같은데 그 반대라고 하니 재미있다. 특히 메타세쿼이아의 화석이 우리가 사는 포항 주변에서 발견되었다고 하니 오래전에 한반도에서도 살았다고 추정할 수 있다. 낙우송은 4~5천년을 사는 장수의 나무이다. 이들 침엽은 매우 부드럽고 연한 특징을 가지고 있는데, 이들 나무를 구별할 수 있는 가장 쉬운 방법이 있다. 낙우송은 잎이 어긋나는 반면, 메타세쿼이아는 잎이 마주난다는 차이점이다. 이제 철길숲을 걸으며 떨어진 낙우송 잎을 유심히 살펴볼 일이다.

철길숲 전체에서 유일하게 지하보행로가 우현동에 있다. 새천년대로로 끊어질 철길숲을 횡단보도가 아닌 지하통로로 만들어서 자전거나 보행자의 흐름이 끊어지지 않아서 좋다. 지하보행로를 나와서 10분 정도 걸으면 철길숲은 끝이 난다. 전체 철길숲의 끝이기도 하다. 이곳은 예전 '작은굴'가는 초입이다. 아쉬울 수 밖에 없다. 작은굴은 흔적도 없이 사라졌지만, 작은굴을 매립하고 위로 새로 난 우창로 도로를 건너면 큰굴로 가는 옛 철도 노반이다. 그리고 길은 마장지로 이어지고 길 끝에서는 '큰굴'을 만난다. 어림잡아도 1.7km정도는 된다. '작은굴'에서 '큰굴'로 이어지는 옛 노반 또한 철길숲으로 조성된다면 어떨까. 이 길은 우현동에서 창포동으로 이어지는 길이여서 창포동 철길숲이 될 것이다. 마장지라는 좋은 환경의 수변공원이 있어 남구의 많은 주민들도 찾으리라 본다. 철길숲 주변에 이렇게 좋은 수변공원이 있는 곳이 있던가. 뿐만 아니라 작은굴, 큰굴 그리고 마장지 주변의 옹벽들에서 역사적인 흔적들도 느낄 수 있을 테다. 이후에 철길숲이 흥해로 이어지는 중간 길목도 될 수 있다는 점에서 창포동 철길숲은 큰 가치가 있으리라 본다. 뉴욕에 하이라인이 있다면 포항에는 철길숲이 있다.

철길숲 전체에서 유일하게 있는 지하보행로가 우현동에 있다.

사람

우창동 마을신문
우창동 동제
동네 사람 인터뷰
우창동 글 모음

떡집, 참기름집, 고깃집, 채소가게 등 다양한 부식품이
푸짐한 전통시장과 저녁이면 동네사람들끼리 술한잔
기울이며 하루의 피로를 풀 수 있는 선술집까지 우창동
은 사람 향기 가득한 정겨운 곳이다.

우창동 마을신문

　"우리 동네 우리 손으로 / 살기 좋고, 살맛 나게!" 주민자치를 이보다 더 잘 표현한 말이 있을까. 주민자치는 관료 중심의 중앙집권적인 지방자치를 배제하고 주민이 지방자치의 주체가 되는 것을 말한다. 지역주민이 주인이라는 주인의식을 말하며, 말보다 실천의 의미를 담고 있다. 우창동 마을신문 상단에 쓰여있는 저 문구가 더 가슴에 와닿는 이유이다.

　우창동 마을신문「행복한 우창동」은 2017년 3월 30일 창간호 이후 2022년 6월 제22호까지 발행되었다. 1년에 네 차례씩 발행되는 계간지로 벌써 5년이라는 시간을 한결같이 동네의 이야기를 알리고 있다.

우창동 마을신문을 만드는 사람들. (왼쪽부터 김미향, 박재석, 배운길, 하명숙, 권용호)

"참 희한한 것이, 한 부 한 부 쌓여가는 신문의 숫자만큼 우리 동네에 가져지는 관심과 애정의 크기도 커지더라는 것이다. 세월이 흐르면 이 신문들은 우창동의 역사가 되고 귀중한 자료로 남을 것이다." 창간호부터 지금까지 「행복한 우창동」을 만들어오고 있는 김미향 주민 기자의 말이다.

　마을신문 「행복한 우창동」은 우창동 지역사회보장협의체에서 발행

2017년 3월 창간한 마을신문 「행복한 우창동」은 지난 2021년 8월 KBS 방송에 소개되기도 하였다.

하며 배운길 단장을 포함한 5명의 주민(배운길, 박재석, 김미향, 하명숙, 권용호)이 기자로 봉사하고 있다. 신문내용은 마을에서 일어나는 소소한 일상들, 자생단체가 하는 일들, 주민들이 알면 도움이 될만한 이야기들, 남에게 모범이 되는 분을 칭찬하는 내용들을 다루며, 동네를 위해 열심히 봉사하시는 통장들, 새로 부임한 공무원들도 알 수 있다.[1]

「행복한 우창동」 마을신문을 만들면서…
우창동 행정복지센터에서는 「행복한 우창동」이라는 마을신문을 5년째 발행해 오고 있다.
마을신문 기자라는 짝퉁 기자 노릇을 한지도 벌써 5년이 되어간다. 새로운 봉사단원이 들어오면 그만두려고 맘을 먹은 지도 몇 해가 된 것 같다. 새롭게 봉사할 분을 모집하려고 신문 하단에 공고를 내어 봐도 감감무소식이다. 누군가는 해야 하는 일이기에 묵묵히 취재를 하여 기사를 쓰고 신문이 완성되는 모습에 보람을 느끼면서 하다 보니 어느새 5년이라는 세월이 흘렀다.
발행하는 부수도 발행 횟수도 취재할 기자도 턱없이 부족하지만 어디서 듣고 오셨는지 KBS TV '김영철의 동네 한 바퀴'라는 프로에서 얼마 전에 촬영도 해갔다. 작은 동네 사람들이 사는 모습 속에서 따뜻하고 소소한 이야기들을 찾아서 취재하여, 방송하는 그 프로그램과 우리가 하는 일이 취지가 비슷했는지 포항을 조명하면서 우리 기자단의 활동을 함께 촬영했다. 마을신문 자체가 5명의 동네 주민 기자

---

1   김미향, "마을신문, KBS1 김영철 동네 한바퀴, 방영" 〈행복한 우창동〉 제19호, 2021. 9.

가 자기 본업을 가지고 있으면서 짬을 내어 사람들을 만나 이야기를 듣고 마을 사람들이 알면 좋을 만한 따뜻한 소식을 전하는 내용이라 방송촬영을 할 가치가 있었는지 프로그램 작가와 만나서 이런저런 이야기를 해보더니 촬영 결정이 내려졌다. 이웃집 아저씨같이 푸근하고 자상해 보이는 김영철씨를 부동산 사무실에 차려진 행복한 우창동 신문사에서 만났다. 옆에서 이것저것 물어보는 모습이 그저 멀게 느껴지는 연예인이 아니라 이웃집에 사는 어제도 보고 오늘도 보는 그런 분 같았다. 덕분에 지방에서는 보기 힘든 연예인과 함께 촬영의 영광을 가질 수 있었다.

어떤 분은 우리 신문을 보고 신문이 갖춰야 할 것들을 제대로 못 갖추었고 손 봐야 할 곳이 많더라는 말씀을 내게 하셨다. 기분 좋은 말은 아니었지만 틀린 말도 아님을 안다. 부족함이 많은 신문이라는 것을 모두 알고 있다. 그러나 그 어설픔은 아마추어 기자들이 만드는 '마을 신문'의 또 다른 매력이 아닐까 싶다. 6·25전쟁 참전 어르신을 찾아뵙고 이야기를 들으러 가는데 빈손으로 갈 수 없고, 미담 주인공을 찾아가서 이야기를 듣는 것도 빈손으로 갈 수는 없다. 그 기사를 맡은 기자가 사비로 음료수라도 사서 가야 하는 상황이다. 개인의 돈을 썼다고 하는 말이 아니라 그 정도는 얼마든지 사용할 수도 있다. 그러나 마을 신문이 어떻게 만들어지는지 하나도 모르는 사람들이 그런 식으로 말할 때 차라리 그냥 "수고한다"는 말 한마디를 해주면 어떨까 라는 생각을 한다. 물론 응원해주시는 분들이 더 많다. 그래서 기운도 나고 다른 이야기를 찾아 나설 힘도 생긴다. 우리는 마을에 일어나는 착한 이야기들, 사람들이 알면 도움이 될 것 같은 내용, 주민들을 위해 활동하

고 있는 자생단체가 하는 일, 우리 동 주민들을 위해 열심히 봉사하시
는 새롭게 위촉되는 통장들, 새로 오시는 공무원분들을 주민에게도 알
려 주는 그런 일을 하고 있다. 비록 전문적인 기자는 아니지만, 우리
신문을 보고 한 분이라도 우리 동네에 더 애정을 가질 수 있다면, 바랄
것이 없을 것 같다. 이 글을 읽고 함께 우리 동네의 소식을 전하면서
봉사하고 웃을 수 있는 새로운 식구가 들어오길 간절히 바래본다.

– 하명숙. 「포항문화원 소식」, 제35호, 2021

우창동 동제

우창동 청년회에서 2000년 7월 1일 우현사거리에 세운 우창동 지명석이다. 이 지명석은 우현동과 창포동의 화합을 기원하고, 2000년대를 맞이하여 다시 한번 웅비하자는 의미를 담고 있다.

    하루에도 수많은 차량이 다니는 우현사거리. 한쪽에는 2000년 7월 1일에 세워진 지명석이 있다. 우현동과 창포동의 화합을 기원하는 우창동지명석. 이곳에선 동네의 안녕을 기원하는 동제가 열린다.

가운데 지명석의 비문

[우창동 청년회]

새로운 천년을 여는 경진년 초하(初夏) 7번 국도가 관통하고 나아가 남북통일의 그날 자랑스런 한민족의 대동맥이 됨과 동시에 환태평양 시대 핵심적인 관문이 될 이 터에 우창동민의 대대손손 안녕과 축복된 삶을 기원하고자 여기에 우리 우창동 청년 회원들의 하나 된 갸륵한 입지(立志)를 모아 이 자리에 새천년 우창동 지명석을 세우노라. 2000년 7월 1일.

왼쪽 지명석의 비문

[우현동]

우현이란 지명은 우현동 서북쪽의 흥해로 넘어가는 재의 보습이 마치 누운 소 같다하여 소티(牛峴)라 하는데, 옛날 영덕으로 가던 어떤 소 장수가 날이 저물어 이곳에서 밤을 지내는데 꿈에 소뼈가 가득 쌓여있는 것을 보고 이 골짜기를 소티골이라 부르게 되었다 한다. 소티골 남쪽에 마을 뒷산 봉우리의 모양이 마치 꿩이 3개의 알을 품고 있는 모양과 같다고 해서 붙인 이름이 아치골(阿雉谷)과 마을 뒷산이 제비가 나는 형상을 하고 있어 붙인 이름이 제비산골이라고 불렀다.

우현동은 본래 조선시대 이래 흥해군 동상면에 속해 오다가 1914년 면제를 실시하여 포항면(16개동)이 될 때 편입되었다. 1966년 7월 15일 포항시의 행정구역을 조정할 때 우현동과 창포동을 합하여 행정동명 우창동(牛昌洞)이 되었다.

오른쪽 지명석의 비문

[창포동]

창포동(昌浦洞)은 예로부터 어양골·마장골·이나골·구밋골·득신골 등의 여러 골짜기를 중심으로 자연부락을 형성하여 농업(農業)과 어업(漁業)으로 생활을 해왔다.

마장골은 마장지 안쪽 골짜기로, 조선시대 때 이곳에서 말(馬)을 길렀으며, 구밋골은 송림이 울창하고 골짜기가 거북의 꼬리와 같다 하여 구밋골이라 부르게 되었다 한다. 득신골(得信谷)은 마장지(馬場池) 남쪽에 있는 골짜기를 부르는 지명이다.

창포동은 본래 조선시대 이래 흥해군 동상면에 속해 오다가 1914년 면제를 실시하여 포항면(16개동)이 될 때 편입되었다. 1966년 7월 15일, 포항시의 행정구역을 조정할 때 우현동과 창포동을 합하여 행정동명 우창동(牛昌洞)이 되었다.

동제란 마을을 지켜주는 신에게 마을 사람들이 공동으로 지내는 제사 의례로, 마을의 안녕과 풍요를 기원한다. 우창동에서는 매년 정월 대보름에 우현사거리에 있는 지명석 앞에서 지낸다. 우창동 동제의 특징은 조상 대대로 내려오는 민간신앙이 바탕이 된 전통적인 행사가 아니라 예전에 법정동이 우현동과 창포동으로 나누어져 있었을 때 동네 간 보이지 않는 불신과 갈등을 해소하기 위해 젊은이들이 주축이 되어 만든 행사라는 것이다. 당시 청년회는 세 개로 나누어져 있었고, 어르신들도 어르신대로 서로 힘겨루기에 지지 않으려는 분위기가 만연했다. 그러던 중 젊은이들이 청년회를 하나로 합치고 어르신들도 두 마을을 아우를 수 있는 좋은 행사를 고민하다가 동제를 주관하게 되었다.

이러한 취지로 시작된 동제는 20년 넘는 세월을 이어 내려와 우창동의 새로운 전통행사로 자리매김하고 있다.

우창동 동제의 특징은 조상 대대로 내려오는 민간신앙이 바탕이 된 전통적인 행사가 아니라 예전에 법정동이 우현동과 창포동으로 나누어져 있었을 때 동네 간 보이지 않는 불신과 갈등을 해소하기 위해 젊은이들이 주축이 되어 만든 행사라는 것이다.

동네사람 인터뷰

[우현동 _ 손동수]

우현사거리에서 소티재로 넘어가다 보면 도로 오른편에 '은성골프연습장'이 있다. 2003년 문을 열었으니 20년 세월이 다 되어간다. 1950년생인 손동수 대표는 우현동에서 나고 자라서 지금도 우현동 길을 매일 오간다. 그는 제비산골에서 태어나 유년시절을 보냈다. 그가 태어난 우현동 18번지는 현재 포항여자중학교 뒤 '하람모터스'가 자리하고 있다. 지금은 사거리가 생기고 우현시영아파트가 있지만 그가 뛰어놀 때만 해도 제비산못이 있었다고 한다. 포항초등학교 재학시절 이사를 간

곳은 우현동 51번지였다. 과수원을 둔 그의 아버지는 과수원 아래로 집을 이사하게 되었다. 제비산골로 새천년대로가 뚫리면서 그의 집 일부는 도로에 편입되었고 일제강점기 때부터 있던 과수원 자리는 나중에 여성아이병원이 들어서게 되었다. 제비산골에서 20여 가구가 함께 모여 살면서 가장 기억에 남는 일은 물을 길러오던 일이라고 한다. 상수도시설이 열악하던 때였다. 물동이를 양쪽에 매단 물지게를 지고 동네 공동수도로 가야 했다. 당시 우현동에 가장 사람이 많이 모여 살던 곳은 산 아래 아치골이었다. 새천년대로가 나면서 산이 잘려 삼각산이라고 불렸지만, 그때는 산이 연결되어 있을 때니 삼각산이라는 용어도 없었다. 동사무소도 있을 만큼 가장 큰 그 동네를 우현동 사람들은 '수용소'라고 불렀다. 아마 수용소가 그곳에 있었던 것으로 짐작된다. 공동수도에서 길러온 물은 먹는 물로 사용하고, 제비산골에 있던 우물에서 나는 물은 허드렛물로 사용하였다. 물을 귀하게 쓰던 습성 때문인지 지금도 목욕탕에서 물을 함부로 쓰는 사람을 보면 아깝다는 생각이 든다고 한다.

골짜기마다 가가호호 모여 살면서 주로 농업을 해오던 우현동이 지금까지 발전하면서 변화되어 온 모습을 그는 쭈욱 지켜보아 왔다. 우현동하면 떠올랐던 연탄공장도 처음부터 우현동에 있던 것은 아니었고 용흥동에서 옮겨온 것이었다. 연탄공장이 있을 때는 그의 집에서 청소를 아무리 해도 검은 가루가 묻어났다고 하니, 지금으로선 상상하기 힘든 시절이었다.

나루끝에서 작은굴까지, 그러니까 지금의 철길숲으로 조성된 그곳은 처음부터 철길이 있었던 것은 아니었다. 일제강점기 노반만 깔려 있었을 뿐 철도는 놓여져 있지 않았다. 그가 물지게를 지고 제비산골에서 아치골로 오가던 길도 그 노반길이었다. 나중에 득안골에 미군유류저장고가 생기면서 철로가 놓여졌고 지금은 그 철로를 걷어내고 숲길이 조성되었으니 사람도 바뀌듯 지형도 그렇게 바뀌나 보다. 당시 철길은 주변보다 높이가 높았다. 하지만 낮은 주변의 땅에 흙을 돋우어 지금처럼 되었다. 세월이 흐르며 지형의 팔자가 바뀌는 것은 학산천도 마찬가지이다. 샛강이 유독 많은 포항의 특징은 우현동에서도 마찬가지였다. 골짜기마다 물이 흘렀으니 아치골에서도 물이 흘러 내려오고 소티골에서도 물이 흘러 내려와서 학산천에서 합류하였다. 그는 어릴 때 학산천을 '깨치 또랑'이라 불렀다고 기억한다. 고기가 뛰어놀기도 했던 그곳을 나중에 복개를 하고 또 다시 지금은 학산천으로 조성한다고 공사 중이다.

은성골프연습장이 있는 자리도 원래는 소티골 논이었다. 북쪽을 쳐다봤을 때 왼편에 있는 소티재 넘어가는 길은 지금보다 훨씬 좁은 길로 흥해 달전으로 이어졌고 오른쪽으로는 좁은 농로 수준의 둑방길이 있었다. 둑방길 한쪽 편은 학산천으로 흘러가는 도랑이었고 반대쪽 또한 논을 적시며 흐르는 좁은 도랑이 있었다. 그때는 소티재 넘어가는 도로가 주변 논보다 훨씬 높았지만 이 역시 땅을 돋우면서 도로와 주변 땅 높이를 같게 해서 현재의 모습이 되었다.

또다시 우현동에 새로운 변화가 모색되고 있다. 우현동, 창포동 뿐만 아니라 주변 장성동 지역까지 아파트가 밀집되면서 교통의 길목인 우현동 도로 사정이 열악해진 게 원인이다. 새천년대로가 그랬던 것처럼, 가로막힌 골짜기를 가로지를 필요가 계속 생기게 되는 것이다. 소티골을 이루는 산허리와 아치골을 이루는 산허리가 도로로 잘려 나갈 계획이다. 도로 주변은 또 어떤 모습으로 발전하게 될까. 사람 팔자만 시간 문제가 아닌가 보다. 하지만 지형 팔자는 긴 안목으로 바라보는 지혜가 필요한 것만은 분명해 보인다.

[창포동 _ 정동문]

정동문 님은 1952년 마장지 옆 창포동 535번지에서 태어났다. 현재까지 같은 주소에서 살고 있는 그는 70년을 마장지와 함께 하며 창포동의 변화와 함께한 산 증인이다.

마장지 옆 비닐하우스에서 농사를 짓는 그를 만났다.

지금은 창포초등학교가 생겼지만 당시 창포동 마장골에서는 2km 이상 떨어진 두호동의 동부초등학교(25회 졸업)를 다녔다. 두호동은 물론

마장지와 70년을 함께 한 정동문 님. 바로 뒤에 보이는 마장지에 창포동사무소가 있었다고 한다

1960년대 창포동 마장골 일대는 논이었다. 사진에 보이는 이가 정동문 님이다

인근 장성동에서도 동부초등학교를 다녔는 반면 우현동에서는 포항초등학교를 다녔다. 동네가 행정구역 통합이 이루어질 때 창포동이 지금처럼 우현동과 통합이 이루어질 게 아니라 두호동과 합쳐졌어야 했다는 그의 말이 학생들 학군을 보면 그럴듯해 보인다. 당시 창포동은 꽤 넓어서 동부초등학교 뒤까지 창포동에 속했다고 그는 회상한다.

마장지는 현재보다 훨씬 좁았다고 기억한다. 마장지 아래로 펼쳐진 논에는 안정적인 물 공급이 필요하였고 이는 마장지를 넓히는 계기가 되었다. 그의 나이 9살 때쯤이었다. 당시 마장지 북쪽 못 가에는 민가가 다섯 채 정도가 있었고 창포동사무소 또한 마장지에 있었다고 한다. 마

동양탕에서 창포사거리로 이어지는 도로(창흥로)의 복개 전 모습

장지 아래에서 농사를 짓는 논 소유주에게 물세를 걷고 거기다가 정부 지원금을 보태어 마장지를 북쪽으로 더 확장하여 지금의 모습이 될 수 있었다.

마장지에서 동부초등학교까지 마장골 따라 걸어서 가는 길은 엄청난 변화가 생겼다. 야트막한 산 아래로 두호천이 흐르고 길 따라 끝없는 논이 펼쳐졌던 이곳에 하천은 복개되어 도로가 생기고 논은 아파트 단지로 변해갔다. 인구가 늘어남에 따라 산 또한 택지로 변하여서 옛날의 길은 이제 찾아볼 수가 없게 되었다. 그런 변화를 그는 쭈욱 지켜보며 창포동을 지켜왔다.

우창동 글 모음

우창동의 추억

우창동하면 아련히 떠오르는 흑백사진과 같은 추억이 있다. 1960년
대는 우창동은 동명이 우현동과 창포동으로 나누어져 있었다.

우선 내 기억속에 담겨 있는 우현동의 추억을 하나씩 풀어내 보면,
1960년대 초에 자갈부역이라는 것이 있었다. 당시 대부분의 도로가 비
포장도로인데다, 도로가 구덩이가 많고 해서 자갈부역이라는 반강제적
인 행정조치가 있었다. 포항시의 예산으로 도로를 정비해야 되는데 예
산이 부족하다 보니 집집마다 자갈비를 부과해서 그 돈으로 도로에 자
갈을 집어넣어서 정비해야 되는데 돈을 내지 못하는 집은 몸으로 때워
야 했다. 이것을 자갈부역이라고 했다. 우리집은 항구동 백사장(현 영일
대해수욕장)에서 생선건조를 해서 근근히 생계를 이어가는 가난한 가정
이라 자갈비를 낼 수 없어, 도로정비가 있을 때마다 몸으로 때우는 자갈
부역을 나갈 수 밖에 없었다. 집에서 삽 한 자루와 점심때 먹을 오징어
다리 10개, 노가리 5마리, 가자미 새끼 말린 것 10개를 고추장과 함께
싸서 가져갔다.

그때 밥은 아침 먹고 점심은 건조한 생선으로 때웠기 때문에 자갈부
역 점심도 밥은 없는 것이다. 자갈부역 시발점은 지금 포항문화원이 자
리한 도로 입구에서부터 시작하는데 그 당시 우현동에서 중앙고등학교

교문 앞을 지나 포항해양경찰서 앞 험난한 고개길을 굽이굽이 돌아 달전으로 내려가는 정말 위험한 고갯길이었다. 도로는 비포장인데다 자갈이 부족해 구덩이 도로였다. 땀을 뻘뻘 흘리면서 자갈을 구덩이에 넣는 작업을 오전 내내 하고 점심때가 되면 산그늘을 찾아 아무데나 앉아 끼니를 때우는데 점심을 못 사 와서 아예 굶는 사람들도 있었다.

나는 그런 사람에게 오징어 다리 1개씩을 주고 씹으면 시장기가 가실 수 있다고 했다. 또 노가리 새끼 1개씩도 나누어 주었다. 그러다가 목이 마르면 우리가 자갈부역 하는 도로의 오른쪽 논밭 저 너머 산 계곡에 제법 큰 과수원이 있었는데 물을 얻어먹으려고 그곳에 갔다. 과수원 주인은 더운데 고생한다면서 시원한 냉수도 내어주고 과일도 바구니에 담아와서 어서 먹으라고 재촉을 했다. 정말 인심 좋은 과수원 주인이었고 식구들도 모두 친절했다. 우리는 게눈 감추듯 물이고 과일이고 다 먹어 치웠다. 그 과수원은 지금도 그 흔적이 남아있다.

우현동의 또 하나의 추억은 1963년 KBS 포항방송국의 라디오 성우 1기생 모집에 합격해 라디오 방송극에 출연하고 있을 때 연출자(최동주 선생님)가 달전에 친구가 양조장을 하는데 함께 가서 술밥을 얻어먹자고 해서 우현동 그 구덩이 많고 먼지 많은 도로를 지나 고갯길을 굽이굽이 돌아서 달전 양조장에 갔다. 도착하면 연출자 선생님이 반갑게 맞이 해 주었다. 선생님 두분은 막걸리 마시면서 옛 포항고등학교 시절 학도병 이야기로 꽃을 피우고 나는 막걸리를 만들기 위해 자리에 늘어놓은 꼬들꼬들한 술밥을 주워먹기에 바빴다.

그 우현동의 도로도 넓은 포장도로로 바뀌었고 달전으로 넘어가는 도로도 새로 훤하게 뚫렸다. 포항해양경찰서 앞을 지나가는 옛 고갯길은 어떻게 변했는지, 궁금하기만 하다. 언제 한 번 그 고갯길을 걸어서 굽이굽이 돌아보고 싶구나.

창포동의 추억은 우현동의 추억과 또 다른 기억들을 간직하고 있다. 창포동은 우리 항구동 아이들의 사냥터였다. 1960년대 항구동은 금은 빛 모래밭과 수정 같이 맑은 영일만을 어머님 품속 같이 안고 있었다. 아침이면 만선의 깃발을 단 통통배가 힘차게 물살을 가르며 포구로 들어오고 방파제 바위에는 팔뚝만한 돌문어가 모습을 드러내는 천혜의 자연 그대로였다.

일제히 언덕(현 우방아파트)을 넘어 창포동 산으로 오른다. 산토끼 사냥을 비롯해, 산속 깊숙이 자리 잡은 고구마밭에 들어가 고구마와 무를 캐먹었다. 주인에게 들켜도 크게 나무라지 않았고 고구마 넝쿨을 너무 파헤치지만 말고 캐먹어라고 하면서 잔잔한 미소를 지어주었다.

또 작은굴, 마장골 큰굴을 지나 성곡 산 위에까지 오르고 신이 나면 달전을 거쳐 도음산까지 올랐던 기억이 주마등처럼 스치고 지나간다. 어쩌다가 산토끼 산꿩 사냥에 성공하면 그날은 항구동 백사장에 앉아 성찬을 들 수 있었다. 벌써 55년이 지난 아득한 옛 이야기! 아! 그때가 그립구나!

- 김삼일, 『포항문화원 소식』 제32호, 2019

기억의 저편에서

우현동, 창포동 하면 내 가슴 속에 영원히 지워지지 않는 원천이다. 지금은 두 개 동이 합쳐져 행정동 이름이 우창동이지만 그냥 옛날 이름 우현동, 창포동이 좋다.

항구동 해변에서 자라난 아이들에게는 앞에는 망망한 바다, 뒤에는 우현동과 창포동으로 이어지는 언덕과 산, 들판을 너무 사랑했고, 행복한 보금자리였다.

봄에는 만선의 깃발을 단 어선들이 힘차게 포구로 들어왔고 팔뚝만 한 문어들이 방파제 돌무더기에 고개를 내밀었다. 여름에는 발가벗은 아이들이 백옥같이 맑은 모래밭에서 고개만 내밀고 온몸을 묻었고 흠뻑 땀이 젖은 몸을 이끌고 그대로 시원한 바다로 뛰어들어 물놀이를 하고는 다시 백사장으로 나와 뜨거운 태양 아래에 몸을 말리고 다시 백사장 위에 있는 집으로 들어와 보리밥 찬물에 간장 넣어 말아먹고 뒤편 포항측후소 언덕 넘어 우현동 농로와 자갈밭을 걸어 고개 지나 달전까지 갔다가 다시 큰굴 작은굴로 돌아 나와 창포동 울창한 솔밭, 장성동으로 이어지는 산길 아래에 있는 어느 토담집에서 삶은 감자를 얻어먹은 기억은 평생 잊을 수 없다.

세월이 흘러 60년대 초반 우현동 고갯길 자갈부역 나가 도로를 정비했던 추억, 배고프면 인근 과수원에 들어가 찬물 얻어 마시고 마음씨 좋은 과수원 주인이 건네주던 과일 몇 개 얻어먹고 허기를 채웠던 그때의 기억은 차마 잊을 수가 없다.

60년대 중반 KBS 기자가 되어 녹음기를 들고 산 벚꽃 길을 따라 우현동 골짜기 어느 농부와 인터뷰하고 신선한 채소와 함께 한 점심이 그렇게 꿀맛이었다. 지금은 바로 그곳에 포항 정신의 1번지 포항문화원이 우뚝 세워져 있다.

이제 우창동은 유성여고, 대동중·고등학교, 영신중·고등학교, 명도학교, 중앙고등학교와 중앙여자고등학교, 인근의 포항여중과 포항여자고등학교, 포항중학교, 포항고등학교가 자리 잡은 교육 문화의 메카로 많은 인재를 배출하고 있다.

우현동, 창포동 주민들이 그토록 사랑했던 항구동 해변과 바다는 그 이름이 북부해수욕장에서 영일대해수욕장으로 바뀌면서 개발로 인해 옛 원시적 흔적은 찾을 길이 없다. 나는 오늘도 기억의 저편에서 옛 모습을 그리며 서성이고 있다.

- 김삼일, 「행복한 우창동」, 2022년 3월호

우리 마을 예찬가

포근하고 평화로운 새천년 관통로
이리가도 둘레길 저리가도 둘레길
철길숲 산책로는 사계절 휴식공간

동쪽에는 학산이 있어 포근하고
서쪽에는 아치산이 있어 포근하네
남쪽에는 모갈산이 있어 포근하고
북쪽에는 제비산이 있어 포근하네

포항시내 마을중에 이런 곳이 어디 있소
알고보면 복받은 곳 학군 좋고 교통좋고
동서남북 교통중심 우뚝솟은 우현마을

병풍처럼 둘러쌓인 살기좋은 우리마을
문화원이 있는 곳 여성문화관이 있는 곳
금상첨화 축복의 땅 시민들이 찾아오네

- 이석도, 「포항문화원 소식」 제35호

소티재가 이따금 불쾌한 추억에 시달릴 때가 있다

소티재가 이따금 불쾌한 추억에 시달릴 때가 있다
잊지 말아야 할 것은
잊고
잊어야 할 것은
잊지 못한다는 말 그대로다

학도병,
학도병들이
자신의 품에서 산화한 것이다

포항여중 전투 이전에
소티재 고지에서 벌어진 백병전에서
중과부적으로
펜 대신에 총을 든 학도병들이
북한군에 깨진 것이다

그냥 깨져도
무참히 깨진 것을
소티재가 다 지켜보았다

말릴 수만 있다면

말렸을 텐데

동족끼리 무슨 짓이냐며

북한군과 학도병 사이에 끼어들어

말렸을 텐데……

소티재가 이따금 불쾌한 추억을 넘어

악몽에 시달릴 때도 있다

-김재석, 『포항-포스코』, 사의재, 2020

소틧재

산까마귀 홰를 치는
나루 끝 길목 소틧재 어귀에
하늘길 여는 천도재 목탁 소리
개울 타고 흘러온다

흥해 장터 풍성한 인심
사과향으로 그윽하고
시집간 딸년 꽃가마는
고개 넘는데 한나절인데

옷고름 만지작거리며
속 태우는 곡강 아낙
문둥이 심사련가 질긴 대낮이
한사코 졸고 있다.

- 배동현, 『그래, 이놈아!』, 한강출판사, 2016

소티재 너머 · 3

이젠 내가 지겠네
내가 져.
산도 물도 다,
저무는 해를 따라 지는 시간
언제 내가 일어서겠다고
바둥대던 날들 있었나

지고 말이야
모나면 죽어
그게 세상사는 이치라는 걸.
부끄럽게 숨는 해를 기억하면 알 일
손 놓고 멍하니 눈도 감아봐

그렇게 숨죽이고 나면
한참은 평온하고
정적 속에서 또 다른 내가 보이지.
그것은 밤에 일어난 일
누구도 알지 못하고
나도 기억할 수 없는 일
어디서 딱, 딱
경치는 소리 놀랍다.

- 고상환, 『포항문학』 제19호, 포항문학사, 1999

포항시립화장장

　오랫동안 소식이 없는 벗들한테 오는 소식은 죽었다는 소식만 온다 소식이 없으면 살아있는 것이다 벗의 부음을 듣고 달려간 화장장은 정문부터 영구차와 버스들이 밀려 있고 유족들은 침통한 모습으로 관(棺)이 전기화로(電氣火爐) 속으로 들어가는 것을 지켜보고 있다 들어간 화로 번호에 적힌 고인 이름 밑에 소각이라는 붉은 문자 등이 켜지고 40분쯤 지나니 소각완료, 10분쯤 뒤엔 냉각이라는 글자가 켜졌다 이내 없어졌다 냉각이 완료된 잠시 후 한 되 반 정도 되어 보이는 뼛가루를 봉투에 담아 유족들에게 나누어 주자 미리 준비한 용기에 담아 목에 걸고 천천히 빠져나갔다 뼛가루는 흰 분말로 흐린 기운이 스며든 입자가 너무 고와 먼지처럼 보였다 그 어떤 질량감도 느껴지지 않는 흔적이나 그림자 같은 그 가루의 침묵은 완강했고 범접할 수 없는 적막 속에서 가족과 세상과 이웃들로부터 천천히 이별할 때 남은 사람들 슬픔이나 애도와는 관련 없이 그저 편안해 보였다 사람은 그저 죽을 뿐 죽음을 경험할 수 없다는 걸 몸으로 느끼고 삶의 무거움과 죽음의 가벼움을 떠올리며 세수하고 면도하듯 그렇게 가볍게 가야겠다 생각했다 죽음은 쓰다듬어 맞아드려야지 싸워서 이겨야 하는 대상이 아님도 알았다 가볍게 죽고 가는 사람이나 보내는 사람 모두 가벼움으로 돌아가는지 뼛가루 보면 알 수 있을까 먼저 하늘나라로 떠난 벗을 생각하며 하늘을 올려다보았다
　　　　　　　　- 윤석홍, 『북위 36도, 포항』, 도서출판 나루, 2020

창포동 둘레길

창포동(昌浦洞)은 산과 바다가 가까운 곳이다. 동남쪽은 바다와 접해 있는 두호동이 있다. 북서쪽 뒷산은 흥해읍 성곡리와 경계를 이루고 있다. 산과 바다를 십여 분이면 갈 수 있는 곳이다.

창포동 뒷산은 영일대해수욕장과 어깨를 나란히 한다 해도 지나치지 않는 곳이다. 영일대해수욕장은 사시사철 산책과 운동하려 찾는 사람들이 많은 곳이다. 시민들은 주로 여름에 가는 곳으로 휴가철인 칠월 말〈국제불빛축제〉가 절정이다. 수년 전은 밋밋한 모래와 짠물이 모두였다. 지금은 휴식공간과 즐길 거리를 다양하게 보완하고 있다. 이백여 그루의 해송 숲을 군데군데 조성하는 등 나날이 변신하고 있다. 포스코 야경 또한 지나칠 수 없는 볼거리다. 수 해 전 해상누각인 영일대가 설치되어 뭇 사람들을 끌어들이는 마술을 부리고 있다. 바다와 더불어 숲과 사람이 함께 숨 쉬는 포항의 도심 속 명소로서 그 위상을 더하고 있다.

창포동 뒷산은 소나무가 있어 사시사철 푸름을 잃지 않는다. 철 따라 질서 없이 꽃들이 피고지곤 한다. 영일대해수욕장처럼 도심 가까이 있어 언제나 이용할 수 있는 곳이다. 인근 주민들은 물론이고 멀리 있는 사람들은 등산로 아래에 주차하고 이용하기도 해 그 유명세를 더하고 있다.

등산로를 이용한 지 벌써 열 번째 봄이 훌쩍 지나 더 예찬하는지 모른다. 등산로는 남녀노소 누구나 이용할 수 있는 야트막한 산이다. 등산로라 하지만 감히 둘레길이라 말하고 싶다. 요즘 걷기 붐으로 올레길, 둘레길 등을 지자체별로 개발하여 관광 사업으로 활용하고 있다. 하지만

'찾은 옛길' 속에 새로이 '만든 길'을 끼워넣다 보니 자연미와 생태계를 훼손했다는 지적도 더러 있다.

지난해 말 조금 오래된 이층 단독주택을 구입했다. 집수리 핑계로 게으름을 피워 뒷산을 자주 오르지 못했다. 이따금 바람이 일긴 하지만 오랜만에 이십 도가 넘는 따스한 사월 초순이다. 휴일을 맞아 가족들과 모처럼 오붓하게 뒷산을 찾았다. 아내는 봄 처녀라도 된 듯 양지바른 곳에 쑥을 캔다는 핑계로 마장지 부근으로 간다. 자녀 둘과 산에 오르기로 하였다. 두호주공아파트 끝자락서 출발하여 속칭 체육공원과 국기봉을 돌아 마장지 쪽으로 내려오는 등산길이다. 등산로의 거리는 십 오리 남짓하다. 소요시간은 한 시간 삼십 분 전후다. 누구나 부담 없이 소화할 수 있는 거리와 시간으로 많은 사람이 이용하고 있다. 등산로가 포항시와 흥해읍의 경계를 나누는 능선으로 전망이 좋은 것이 자랑거리다. 해발 백 미터인 국기봉엔 늘 태극기가 세차게 휘날린다. 가까이 흥해 들녘과 도음산이 보인다. 멀리 비학산, 내연산, 곤륜산이 병풍을 두른 듯 서쪽에서 동쪽까지 펼쳐져 있다. 양덕동 아파트단지 사이로 동해가 수줍은 듯 살며시 얼굴을 드러낸다. 남쪽으로 눈을 돌리면 포스코가 한눈에 들어와 웅장한 자태와 위용을 드러낸다. 곳곳에 하얀 수증기 기둥이 살아있음을 알린다. 인근 산도 해발 백이십 미터 정도로 고만고만하여 등산길이 완만하다. 작은 강아지를 동반하는 등산객도 자주 눈에 띈다. 등산보다는 둘레길에 가깝다. 최근에 신항만배후단지에 전기를 공급하는 철탑공사를 하여 고압전선이 지나간다. 성곡리에 한 연구소도 어느새 신축공사를 하여 연구동 건물이 능선을 앞지른다.

이곳은 다른 어느 곳보다 유독 소나무가 많은 것이 특징이다. 쉬엄

쉬엄 오르는 길에는 청솔모가 솔방울을 쪼아 먹는 것을 심심찮게 볼 수 있다. 발걸음도 조심스레 옮겨 본다. 다람쥐도 더러 보여 사람과 동물 그리고 자연이 함께 숨 쉬는 곳이다. 아름에 조금 못 미치는 크고 작은 소나무들이 즐비해 솔향기가 지친 머리를 즐겁게 해준다. 황토로 된 등산로를 소나무가 하늘을 가리고 있어 숲이 주는 청량감을 더해 준다. 요즘 뜨고 있는 힐링 효과를 느낄 수 있는 곳이다. 오월에 실바람이 불기라도 하면, 황녹색 송화가루가 눈보라 치듯 장관을 연출하기도 한다. 철 따라 이름 모를 꽃들이 번갈아 핀다. 등산로 군데군데 크고 작은 소나무 사이로 진달래꽃도 지천에 흐드러지게 핀다. 온 산을 꽃수를 놓은 듯 반겨준다.

사실 수년 전 등산로 주변이 주거지역으로 개발된다는 이야기가 돌곤 했다. 둘레길 주변 곳곳에 쇠 철조망과 현수막이 흐드러져 있다. 그래서인지 창포동 둘레길에 정이 가고 더 소중하게 생각되는 이유이기도 하다. 시간이 더 지나면 등산로 주변의 환경이 바뀌어 낯설기도 할 것 같다. 남북극의 빙하가 녹아내리듯이 자연환경과 정치·사회·문화·경제 등 급변하는 시대를 살고 있다. 자주 오르던 이곳 또한 인간의 편리함을 위하여 비켜갈 수는 없다. 변화의 소용돌이 속에서 숲과 동물, 인간이 더불어 살아가는 방법은 없을까? (2012. 4. 8.)

- 박재석, 『별 만지는 마을』, 다솔창, 2021

마장지

　창포동 뒷산 아래 봄 햇살을 안고 있는 '마장지(馬場池)'가 있다. 작고 아담한 저수지지만 아름답기에는 뭇 저수지와 견줄만하다. 요즘 여가 시간 증가와 삶의 질에 대한 관심이 어느 때보다 높아 찾는 이가 많다. 도심의 아파트와 가깝고 등산로 끝자락에 있어 사시사철 붐빈다. 조선 시대 말을 길렀다는 마장골 마을이 있다고 하여 '마장지', 서북쪽에 어양골이 있고, 마장지 주변의 작은 마을을 통틀어서 어양동이라 하기도 해 '어양지'라고도 부른다. 작은 저수지의 유리알 같이 맑은 물과 너울거리는 초록 물풀이 한 폭의 유채화 같다. 연못 주변은 전통정자, 산책 데크, 체력단련기구, 벤치 및 바람개비 등이 조성되어 있다. 시민들의 도심 속 휴식공간으로 자리매김한 지 오래다. 여름이면 솔 그늘 아래 못다 핀 작은 연꽃이 반겨준다. 희어진 갈대 사이로 물오리, 거위의 장난질도 정겹다.

　등산객들에게는 마지막 코스로 저수지의 잔잔한 물결에 눈을 씻고, 마장지의 아름다운 운치가 피로를 말끔히 풀어준다. 탐방객들에는 쾌적한 공기를 제공해 삶의 활력과 맑은 휴식을 선사한다.

　마장지 둘레에는 아마도 수백 년을 족히 넘긴 소나무가 여러 그루 있다. 주변에 심어진 백일홍, 철쭉, 개나리, 해바라기 등 수천 포기의 식물은 마장지의 아름다움을 더해준다. 산그늘 내려앉아 솔바람 술렁이면 마장지 쉼터가 바빠진다. 소나무는 사시사철 푸름과 그늘을 드리우며 사람을 부르는 마력을 가지고 있다.

　주변에 아름드리 고목 벚나무 여러 그루가 소나무와 조화를 이룬다.

올해는 완연한 봄이 오기까지 꽤나 시간이 걸린 것 같다. 여느 해 같으면 피었을 텐데, 연일 얄궂은 날씨로 터질 것만 같은 꽃망울만 맺혀 있다. 마치 분홍 열매가 가을 감처럼 달려 있는 것 같다. 돌아오는 주말이 되기 전에 유난스럽게 피어 사람들에게 자태를 보여 줄 것 같아 기대를 한껏 키우고 있다.

어쩜, 내일 동이 트기 전이라도 몰래 피어, 꽃잎이 세찬 바람에 눈발처럼 하얗게 휘날릴지도 모른다. 살짝 스쳐 가는 마장골 바람에 꽃잎이 살며시 떨어지는 모습이 눈물 나게 아름답지만, 가냘프고 여린 꽃잎은 거친 콘크리트 길 위에 내린 눈처럼 사람에게 짓밟히면 슬퍼지기도 할 것이다. 무심코 지나가는 차바퀴에 치여 생채기보다 큰 상처가 나고, 차디찬 마장지에 짝 잃은 오리처럼 하얗게 외로이 떠다니는 작은 꽃잎들은, 왠지 처연하기만 할 것 같다.

꽃잎은 모질고 추운 기나긴 겨울을 견뎌내고, 여느 꽃처럼 잎을 먼저 내고 꽃을 피우는 것이 아니라, 꽃을 먼저 피우는 성급함에 더 애처로운지 모른다. 지난해 기억들을 또렷하게 간직하고 있기에, 오매불망 마음은 마장지로 자꾸 달려가게 하는 이유인지도 모른다. (2012. 4. 5.)

- 박재석, 『별 만지는 마을』, 다솔창, 2021

국기봉

야산을 얕보지 말라. 아니, 뒷동산을 우습게 보지 말라. 창포 주공 옆 자락에서 솔 숲길 계단을 올라 왼쪽은 두호 방향이고 오른쪽은 국기봉 코스이다. 푯말이 군데마다 잘 되어서 방향을 안내하고 있다. 국기봉 은 2.2킬로미터이니 1시간 거리다. 도시 가까이 소나무가 군락을 이루 고 있다는 건 건강의 행운이다. 길의 경사도 산책길처럼 되어있어 누구 나 다닐 수 있고 쉴 수 있는 길이다. 휴일의 느긋한 산책인들이 여유롭 고 편하게 오고 가는 그런 인근 산이다. 나도 시간이 남아서 말로만 듣 던 솔길을 오늘에야 오게 되었고 시원한 바람과 솔가지 사이로 들어오 는 밝고 맑은 햇살을 살갗에 스치며 걸었다.

시계가 없었으나 한 시간 정도 지날 쯤 끝머리에 도착했다. 국기봉이 어디냐고 물으니, 산 건너 있단다. 돌아오는 길에 우회 방향으로 가니 국기봉은 해발 100m 높이의 땡볕에 낡은 태극기 하나 달랑 걸려있다. 처음에는 이름에 매혹되었는데 현장을 보고 실망했다.

태극기라도 깨끗한 놈으로 걸어놓지! 돌아오는 길에 산비탈에 변을 실례하고 방향을 잘못 잡아서 어림지 쪽으로 한참을 갔는데 아무래도 올 때의 길이 아닌 느낌이 들었다. 평소 길치인 나는 여기 동네 뒷산에 서도 길을 잃은 거다.

한적한 곳에서 다시 뒤로 되돌아오면서 길손님에게 "창포 주공"을 물 으니 한참 가다가 오른쪽으로 내려가란다. 아마 급한 김에 변을 보고 난 후 앞뒤를 못 가린 것 같다. 사람이 많이 다니는 길이 창포주공과 준양 길이다. 체육시설도 많이 있고 사람도 많아서 사람 사는 곳이라는 느낌이 든다. 내려오면서 보니 내려가는 갈래 길이 수없이 많다.

　이정표가 없으면 외지인은 엉뚱하게 삼천포로 빠지기 딱이다. 국기봉, 참 좋은 동네 산이다. 솔숲의 향기가 좋다. 가까워서 좋다. 길은 잃어도 아무튼 좋다. 나는 길치.

- 안상철, 『우리가 살아간다는 것은?』, 집현전인쇄사, 2013

강도 배도 없는 '나루끝'

쌩쌩 달리는 자동차들이 신호등 불빛에 쉼을 느끼는 도로, 주말이면 도심을 탈출하기 위해 남북구를 긴 동아줄로 연결 지우듯 정체되는 곳, 이곳이 우현사거리다. 포항 사람들은 이 도심을 '나루끝'이라 말한다. 심지어 영덕에서 포항을 오가는 시외버스는 반드시 이곳을 경유하며 "나루끝 이시더, 내리소"라는 운전 기사님의 말에 익숙하기까지 하다. 그래서인지 처음 포항 땅을 밟으면 가장 의아하고 궁금한 지명, 나루끝이 아닐까? 강도 배도 없는데 웬 나루 그것도 끝…!

포항은 1970년 산업도시가 되기 이전까지만 해도 물길 많은 벽지 어촌이었다. 물길이 많은 이유는 형산강 덕분이다. 울산에서 시작되어 경주를 거쳐 포항을 휘감는 이 강은 1920년대 말 제방 공사가 있기 전까지 많은 지류를 풀어 놓은 형님 강이다. 그 지류들로 칠성천, 냉천, 양학천, 학산천, 여을천이 흐르고 이 내(川)들은 도랑을 만들어 곳곳에 못을 낳았다. 속담에 풍어(豊漁)가 들면 '물 반 고기 반'이라 말하지만 포항땅은 알면 알수록 얼마나 물길들이 많은지 '물 반 늪 반'인 듯싶다. 오죽하면 도로명이 삼호로(三湖路)일까?

삼호(三湖) 세 개의 호수, 두호(斗湖), 환호(環湖), 아호(阿湖)가 그것이다. 그러나 진짜 호수가 있는 것은 아니다. 얼핏 호수로 보일 뿐 이젠 지명이나 도로명으로 남겨진 '포항풍경'이다. 어찌 보면 포항을 표현하는 고유명사가 된 듯도 하다. 또한 동해와 만나려는 천들이 영일만으로 모여드니 만(灣) 그 자체가 큰 호수이다. 이런 이유에서인지 예부터 영일만은 용을 품은 큰 못 '어룡담'이라 불리기도 했다. 그 많은 물길 중 여을천(余乙川)이 나루와 나루터를 이루었다. 그리고 끝자락이 바로 지금의 '나루끝'이다. 비록 흔적 찾기도 힘들어졌지만….

나루끝은 우현동, 학산동, 대신동의 경계 지점을 가리키는 역할을 한다. 경계를 이해하기 위해 세 동(洞)의 유래를 살펴보면 우현동(牛峴洞)은 7번 국도를 따라 넘어가는 고개 모양이 "누운 소와 같다." 하여 소치재, 소티재라고 불리는데 한자로는 '牛峴(우현)', '牛峙峴(우치현)'으로 표기한다. 또 다른 유래는 작은 고개라는 의미로 쇠티가 음이 바뀌어 소티, 소현(小峴)으로 불린 후 우현이 되었다는 설도 있다.

학산동은 다행히 지금까지 행정동의 이름으로 남겨져 있다. 학 세 마리가 날아가는 형상을 지닌 삼학산(三鶴山)에서 유래된 지명으로 옛 학산동사무소 터에는 동제(洞祭)를 지낸 '용담제당(龍潭祭堂)'이 있다. 대신동(大新洞)은 일제강점기 일본인들이 진출하여 공장을 설립하면서 새롭게 일어나는 신흥 마을로 그 의미를 한자로 풀이하였다.

"나루끝 가니더" "날끝 이시더" 이 문구만 사용하면 세 동이 만나는 경계점을 명확히 표시할 수 있으니 지금까지 회자되는 것이 어찌 보면 당연할지도 모른다. 1995년 도농통합법에 의해 사라진 영일군의 북쪽 자연 경계 역시 나루끝이었다. 지금도 흥해, 청하, 월포 주민들은 "포항 가니더."라는 말을 사용하는데 이 또한 사라진 영일군의 자취를 지켜 낼 수 있는 구전(口傳)의 흔적이다.

나루끝. 빨리 말하다 보니 날끝이 되었다. 포항 가는 길목 나루끝에 포항문화원이 있다. 날끝에는 포항의 상전벽해(桑田碧海)가 있다.

- 안수경, 〈경북일보〉 2020년 6월 16일자

우창동 이야기 우현·창포

초판발행 2022년 12월 8일

지은이 이재원 권용호
펴낸곳 도서출판 나루
펴낸이 박종민
디자인 홍선우

주 소 포항시 북구 우창동로 80
전 화 054-255-3677
팩 스 054-255-3678
이메일 mooae69@hanmail.net

ISBN 979-11-978559-6-2 03090